Strade blu

Michela Murgia
Chiara Tagliaferri

MORGANA

L'uomo ricco sono io

MONDADORI

Si ringrazia Storielibere che, con il contributo di buddybank, ha prodotto il podcast da cui è tratto questo volume.

Per il brano riportato alle pp. 240-41, l'editore ha ricercato con ogni mezzo i titolari dei diritti di edizione senza riuscire a reperirli: è ovviamente a piena disposizione per l'assolvimento di quanto occorra nei loro confronti.

A librimondadori.it

Morgana. L'uomo ricco sono io
di Michela Murgia e Chiara Tagliaferri
Collezione Strade blu

ISBN 978-88-04-74501-3

© 2021 Mondadori Libri S.p.A., Milano
Crediti per il carattere tipografico:
Le Murmure, copyright © 2020, Jérémy Landes
<jeremy@studiotriple.fr>
Pubblicato in accordo con S&P Literary
Agenzia letteraria Sosia & Pistoia
I edizione settembre 2021

Morgana

L'uomo ricco sono io

Nota di sorpresa linguistica

Questo libro, oltre alle storie delle Morgane, ospita un atto di sperimentazione linguistica. Abbiamo deciso, in coerenza con il nostro percorso di lotta al superamento della discriminazione di genere, di contribuire a suscitare un cambiamento di sensibilità partendo dalla cosa che conosciamo meglio: il nostro linguaggio. Dove è stato possibile abbiamo quindi scelto di non utilizzare il maschile sovraesteso, che tradizionalmente pretende di rappresentare anche il genere femminile, e l'abbiamo sostituito con il fonema noto come *schwa*, che dà vita a un plurale neutro. Siamo consapevoli dei limiti di questo segno e anche del fatto che è la prima volta che viene introdotto in un libro di narrativa italiana. Ci sembra però, dopo anni di dibattito sul linguaggio inclusivo, che questa possa essere una possibilità in più da offrire ai lettori e alle lettrici per sentirsi meglio rappresentatə in uno spazio che nasce per dar casa alla fantasia di tuttə: quello narrativo.

Il segno che troverete di quando in quando è questo: / ə / Se volete pronunciarlo non dovrete imparare nessun suono estraneo: l'avete già fatto cantando le canzoni di Pino Daniele (*Je so' pazzo*, *Napule è*) o dicendo correttamente parole inglesi come *about*, *sister*, *other*.

Prefazione

"Una ragazza dovrebbe avere una stanza tutta per sé e una rendita di 500 sterline l'anno." Questa frase, che dà il titolo al celeberrimo saggio narrativo di Virginia Woolf *Una stanza tutta per sé*, è talmente famosa da essere diventata un luogo comune. Peccato che nel citarla si fermino tuttə alla prima parte, quella della stanza, e quasi nessunə ricordi che Woolf in quel saggio parlava soprattutto di soldi, o meglio, del rapporto tra l'emancipazione femminile e i soldi, presentati come la premessa stessa della libertà. La specificazione della cifra di 500 sterline l'anno, così precisa e violenta, a moltə deve sembrare ancora oggi più volgare che parlare a tavola di sesso o di politica. I soldi sono il vero tabù da violare quando si parla di donne, perché il denaro è il potere maggiore di tutti, quindi per definizione è stato per anni solo degli uomini. Lo scopo della vita delle donne, nel frattempo, è stato quello di fare buoni matrimoni per accedere alla sicurezza di buoni patrimoni, con il sottotesto che a loro non servissero i soldi, ma solo un uomo che li avesse. Le donne non potevano avere proprietà privata perché erano esse stesse proprietà privata, prima dei padri e poi dei mariti, che sposandole facevano proprie anche le loro doti. In quel contesto Woolf, facendo forse la sua affermazione più politicamente rivoluzionaria, riporta la questione dei soldi al centro del discorso sull'emancipazione e invita le sue contemporanee a cercare prima di tutto il controllo dei propri conti, senza i quali non esiste libertà intellettuale. Se questo è vero, se davvero essere autonomə significa essere liberə, perché tuttə continuano a consigliare alle donne, oggi come allora, di sposarsi con un uomo ricco? Perché in molte famiglie si continua a non insegnare alle ragazze a gestire il denaro, facendo loro credere che farsi procurare da qualcun altro la sicurezza materiale sia un traguardo di vita?

La domanda ce la siamo posta durante la stesura della stagione del podcast Morgana del 2020-21 realizzata in collaborazione con Buddybank, il conto bancario online del gruppo Unicredit che aveva come target una clientela giovanissima ai primi guadagni. Analizzando i dati di lancio del primo anno di vita, lo staff di Buddybank si è reso conto che l'utenza del prodotto era composta per l'80 per cento da maschi, che vengono ancora oggi istruiti a essere autonomi nella gestione del denaro, per quanto poco sia, molto prima di quanto non accada alle ragazze, dipendenti dal potere economico altrui per ben più tempo e a volte per sempre. Per questo il tema del rapporto col denaro ci è sembrato direttamente collegato a quello dell'emancipazione. In questo libro incontrerete donne che, pur distanti tra loro per scelte, indole ed epoca, alla prospettiva di sistemarsi sposando un uomo con i soldi non hanno mai voluto adeguarsi. Se ad alcune di loro è capitato di mettere radici nel vaso di un altro, da quel terreno sono cresciute fino a svettare senza più dipendenze. Tra queste pagine troverete imprenditrici scaltre e un po' corsare, che fra rispettare le leggi o rispettare sé stesse non hanno avuto dubbi, e incontrerete artiste carismatiche che non hanno mai pensato di dover essere protette dal patrimonio dei loro partner, nemmeno quando potevano. Vedrete politiche convinte che il miglior modo per arrivare in alto è non farsi vedere mentre sali e conoscerete mistiche per le quali è la natura delle intenzioni, non il denaro con cui le realizzi, a segnare il confine tra ciò che è bene e ciò che è male. Vi emozionerete per campionesse sportive che per vincere tutto hanno rischiato di perdere la sola cosa che contasse e vi innamorerete di intellettuali contraddittorie che con la loro creatività hanno fatto abbastanza soldi per dichiarare una guerra (e pazienza se alla fine era quella sbagliata). Sono donne alle quali la libertà è spesso costata cara, ma che non hanno mai smesso di pensare di potersela permettere, perché volere dei beni propri e volere il proprio bene spesso sono la stessa cosa. In ciascuna delle loro vite – Oprah Winfrey, Nadia Comăneci, Francesca Sanna Sulis, J.K. Rowling, Helena Rubinstein, Angela Merkel, Madame Clicquot, Beyoncé, Chiara Lubich e Asia Argento – risuona forte la frase fulminante e sovversiva di Cher, che quando sua madre le consigliava di smettere di cantare e trovarsi un uomo ricco ebbe l'ironia per rispondere senza esitare: "Mamma, l'uomo ricco sono io".

Oprah Winfrey

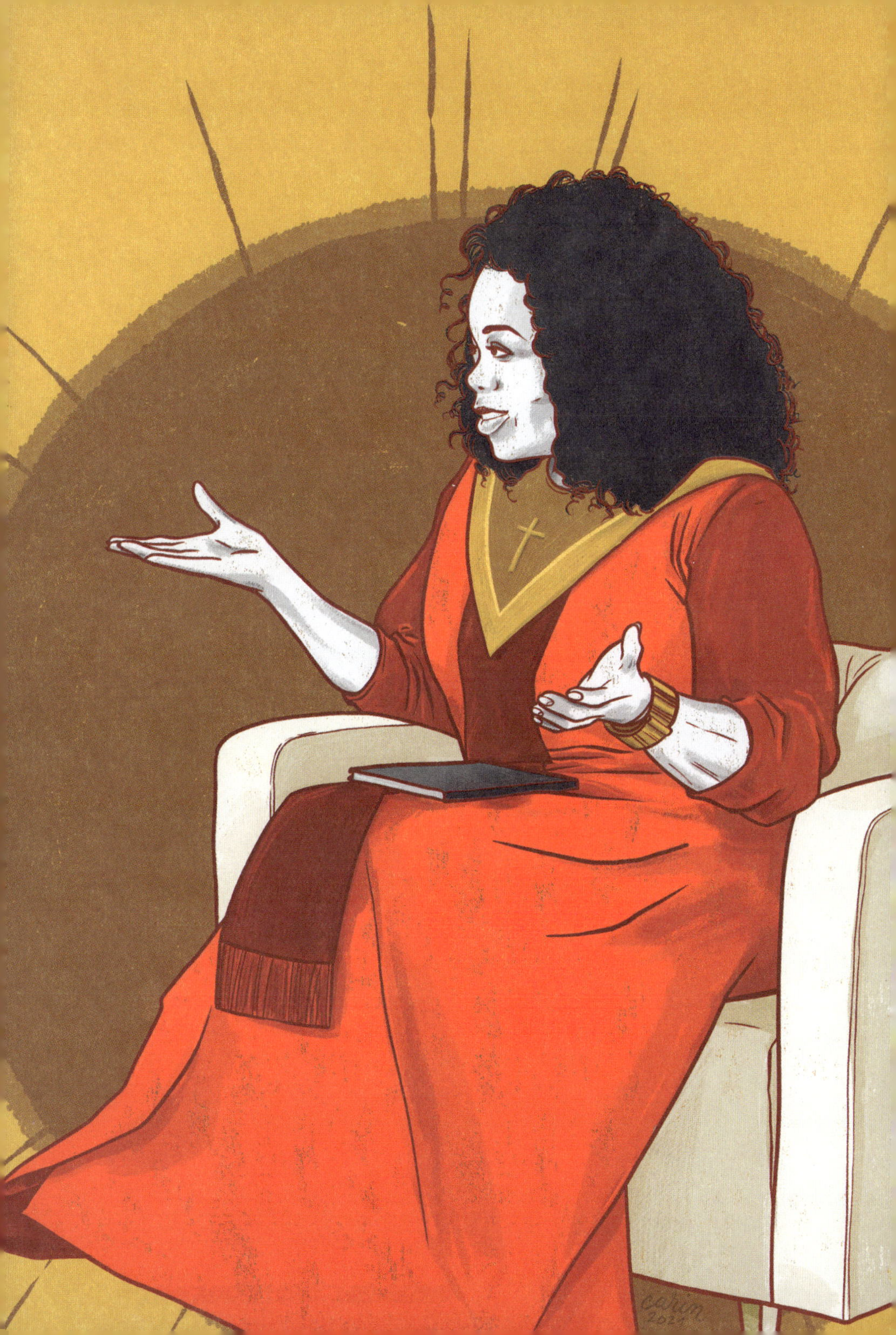

OPRAH WINFREY

Le luci si accendono sul Neverland Valley Ranch, in California, ed è il 1993. Michael Jackson è nel salone della sua tenuta e nelle inquadrature televisive risaltano macabri i particolari dell'arredo: il parquet lucido, i mobili pesanti in legno scuro, gli orologi a pendolo e fiori recisi a profusione come in una camera mortuaria. Lui indossa una camicia rossa come le sue labbra, ha la pelle innaturalmente bianca e l'aria spaventata. Il suo naso è un ricordo di quel che era, i capelli sono bruciati dalla memoria del fuoco e dai trattamenti con l'acido per stirarli, e Michael è visibilmente nervoso. L'intervista che ha deciso di concedere è di tale rarità che per guardarla si sono seduti sui loro divani quaranta milioni di americani. Davanti a lui, su una poltrona di pelle imbottita, c'è una donna nera in tailleur blu che lo incalza su tutto: la camera iperbarica, la verginità e persino l'ossessione per la compagnia dei bambini, un argomento di cui si può ancora parlare con una delicatezza che non risuona minacciosa perché nessuno scandalo è scoppiato fino a questo momento, nessuna denuncia per molestie su minori ha finora travolto Michael.

L'intervistatrice riesce a far raccontare al re del pop cose che non ha mai detto a nessun altrə e lo fa sempre con frasi così poco invasive che a volte non contengono neanche il punto interrogativo: "Torniamo a quando eri piccolo e nessuno voleva giocare con te, tranne i tuoi fratelli".

Lui le confessa quanto difficile sia stato diventare grande: "Non sei più quel bambino carino, tuttə ti vorrebbero così per sempre e tu non vuoi crescere".

"Chi intendi per tuttə?" incalza lei.

"Il pubblico" risponde lui.

L'intervistatrice va a fondo, sempre più a fondo e Michael, con la sua vocina da elfo, non fa nemmeno in tempo a rendersi conto di quello che le dice. La magia di quella donna è tutta lì: davanti al suo ascolto, al suo perdono e alla sua empatia, nessuno si rende mai conto del peso delle cose che rivela.

"Il mio aspetto era terribile, sono diventato molto timido, mi lavavo la faccia al buio, non mi guardavo più allo specchio, mio padre mi prendeva in giro, mi diceva che ero brutto, io odiavo tutto e piangevo ogni giorno" continua lui.

Lei lo abbraccia con lo sguardo: "Sei arrabbiato con lui?".

"Sì, a volte" ammette Michael, "ma non lo conosco, mi auguro di poterlo capire. Mia madre è perfetta."

Lei non dà tregua: "È difficile essere picchiati dal proprio padre e poi salire sul palco per cantare?".

"Sì. Mi rimproverava di essere triste. Bastava un suo sguardo e vivevo nella paura. Quando si avvicinava avevo i conati di vomito."

Lei conclude, a dispetto della voce dolce, con una frase che sembra un verdetto: "Penso che ognuno sia responsabile di ciò che fa nella vita e anche tuo padre deve essere responsabile di ciò che ha fatto".

Michael a questo punto ha paura: "Sì, ma lo amo e lo perdono".

La telecamera stringe sull'intervistatrice e il suo volto giganteggia, arrampicandosi sui tetti, infilandosi nelle antenne paraboliche ed entrando nelle case dei telespettatori per fissarli dritti negli occhi mentre è a loro che lancia l'ultima domanda: "Ma è davvero possibile perdonare?". Irradiati dalla luce dei loro schermi, quaranta milioni di americani si commuovono, piangono e applaudono. Il rituale catartico di Oprah Winfrey anche stavolta si è compiuto.

La donna che ha appena spogliato Michael Jackson e decine di altrə che come lui si sono sedutə su quel divano è stata la prima afroamericana a diventare miliardaria col suo lavoro, arrivando a dichiarare un patrimonio personale che oggi ammonta a due miliardi e settecento milioni di dollari. Di lei si sa molto, al punto da presumere che possa essere tutto quel che c'è da sapere, perché lei stessa si è raccontata con dovizia di particolari per venticinque anni nel talk pomeridiano più seguito della tv americana, "The Oprah Winfrey Show", in onda dal 1986 al 2011. Oltre al suo passato, o almeno a quello che ha scelto di raccontarci, conosciamo il suo conto in banca e gli strumenti della sua potenza mediatica: ha fondato un magazine, un canale satellitare, una casa di produzione e una casa editrice che portano il suo nome.

Quello che non sappiamo è tutto il resto, cioè chi è davvero Oprah, a cominciare proprio da quel nome che è diventato il suo marchio di fabbrica. All'anagrafe viene in realtà registrata come Orpah, con la "r" prima della "p": è una scelta biblica, nel Libro di Rut Orpa è colei che rinuncia al viaggio intrapreso. Ma Oprah, che non rinuncerà mai a niente, decide che quel nome che tutti storpiano, infilando le consonanti nel posto sbagliato, non fa per lei. Così decide di trasformare quell'errore in vantaggio (cosa che farà spesso, nella vita) e si autobattezza Oprah, detentrice di un nome unico, tutto per sé. Unica lo è anche nell'intelligenza precocissima: a tre anni sa già leggere e a memoria declama versetti biblici al posto delle solite poesiole per bambini. Per questa sua abilità prodigiosa, in famiglia la chiamano "the Preacher", la predicatrice, ma la Bibbia non è il solo testo con cui si allena a decodificare il mondo. Parecchi anni dopo racconterà: "I libri sono stati il mio lasciapassare per la libertà personale. Ho imparato a leggere all'età di tre anni, e subito ho scoperto che c'era un intero mondo da conquistare che andava oltre la nostra fattoria nel Mississippi". Per fortuna, verrebbe da aggiungere, perché il mondo in cui Oprah cresce sembra un inferno peggiore di quelli disegnati da Charles Dickens.

Quando nasce è il 29 gennaio 1954 e i genitori Vernon e Vernita Lee, che non sono sposati, si lasciano quando Oprah ha pochi mesi. Vernita parcheggia la figlia nella fattoria dei nonni materni, che allevano suini, ma non è la vita bucolica di Heidi quella che attende Oprah. Già nascere nel Mississippi segregazionista, se sei afroamericana, non è una combinazione fortunata: la lotta per i diritti civili è in atto e siamo nel punto della storia in cui Eisenhower deve ancora mandare l'esercito nelle scuole del Sud per scortare gli studenti neri e costringere i presidi ad accettarli in classe.

Oprah a questo disastro sociale aggiunge quello familiare: la nonna materna è una donna terribile, che la veste utilizzando i sacchi delle patate e, quando deve punirla, manda la bambina nel bosco vicino a casa a prendere dei rami con cui poi la frusta. Quando è di buon umore le dà invece una pannocchia, dicendole: "Ecco, questa è la tua bambola". Oprah trascorrerà lunghissimi pomeriggi a intervistare "Miss Pannocchia", imparando a mostrare empatia anche verso il granturco. Il primo paio di scarpe lo riceve a sei anni, quando la madre la riprende a vivere con sé, nel ghetto di Milwaukee, nel Wisconsin. Non è un improvviso rigurgito d'istinto materno, ma il bisogno di trovare una baby-sitter a costo zero per un'altra figlia appena partorita. Le speranze di riscatto di una ragazzina con la pelle scurissima, in una situazione così e in un momento storico come quello, sono pari a zero. L'unico luogo che dovrebbe proteggerla – la famiglia – è quello in cui viene umiliata e abusata in ogni modo possibile e il suo corpo diventa territorio di gioco di tutti i maschi di casa. La violentano a turno un cugino, uno zio e un amico della madre. Oprah prova a denunciare gli abusi subiti, ma non viene ascoltata. Nel 1968, quando ha quattordici anni, resta incinta. In una famiglia tenuta insieme dalla feroce casualità del sangue e dalla fame, nessuno si preoccupa neppure di risalire all'identità di un padre e lei disperata scappa di casa, ma il bambino nasce prematuro e muore dopo il parto. Molti anni dopo, durante una puntata del suo show, racconterà di non aver provato nulla per quel bambino e che l'unica cosa a cui pensava in quegli anni era il suicidio.

A questo punto nella vita di Oprah arriva un primo raggio di luce. Suo padre ricompare sulla scena e, seppure in ritardo di quattordici anni, la prende con sé: la porta a Nashville, in Tennessee, dove vive con la compagna Zelma e fa il barbiere. Il fatto di non doversi nascondere dagli adulti, ma anzi di vederli preoccupati per il cibo che mangia o per gli orari che deve rispettare, fa sentire Oprah – per la prima volta in vita sua – amata. "Ciascuno cresce solo se sognato" scrive Danilo Dolci, e adesso Oprah può finalmente crescere affrontando l'adolescenza e misurandosi con quelli che sono i pensieri delle ragazze della sua età: studiare, andare bene a scuola, sentirsi bella. È il momento della sua fioritura, quello in cui i talenti di cui è dotata possono emergere e diventare obiettivi. Per prima cosa si riprende il proprio corpo e lo fa diventare una forza, vincendo a diciassette anni il concorso di bellezza Miss Black Tennessee. Poi è il turno della testa, con la quale arriva prima a una competizione per giovani talenti che le permette di condurre un notiziario per un'emittente radiofonica locale. A scuola va così bene che ottiene una borsa di studio per la Tennessee State University e dalla radio, a soli diciannove anni, passa alla conduzione del telegiornale di Nashville: è la prima donna afroamericana – e la più giovane – a farlo, mandando a quel paese tutti insieme i pregiudizi sociali, di razza e di genere. "Io non guardo a me stessa come a una povera, derelitta ragazza del ghetto che è riuscita a sfondare. Sin dalla più tenera età ho imparato a essere responsabile di me e volevo soprattutto riuscire a sfondare. Ho sempre pensato di essere una figlia di Dio e in quanto tale avevo il potere di fare qualsiasi cosa."

Si laurea in "Speech and Performing Arts" e nel 1976 fa le valigie per Baltimora, nel Maryland, dove conduce un altro programma tv. Lì le viene dato un suggerimento non richiesto: quello di ricorrere alla chirurgia estetica per "sistemarsi un po' e diventare più appetibile". Oprah però non è più la ragazzina di cui tutti possono disporre a proprio piacimento: dopo aver assestato alcuni improperi e qualche invettiva se ne va a Chicago, dove la aspetta il ruolo che insegue da sempre: la conduzione del tg serale. È brava, anzi bravissima, ma ha un problema: è troppo coinvolta nelle notizie che dà, si immedesima eccessivamente e non sa esercitare quel distacco che nella conduzione tradizionale è associato alla professionalità. Per lei sono tutti fatti personali. Dopo pochi mesi le comunicano che la devono sostituire e che forse è più adatta a condurre un programma diurno. Lei, da grandissima rigiratrice di frittate, pensa: "Se il mio problema è l'empatia, io vi farò uno show talmente emozionale che piangerete come fontane, guardandomi". È certamente una retrocessione, ma è da lì che Oprah parte per costruire il suo trionfo. Come fa? Lo spiega lei stessa: "Pensa come una regina. Una regina non ha paura di cadere. Fai la cosa che pensi di non poter fare. Fallisci. Provaci ancora. Fai meglio la volta successiva. Questo è il tuo momento. Possiedilo". Il suo morning show è una bomba, Oprah "the Preacher" a trent'anni è un'incantatrice di serpenti. In un mese il suo programma è il più seguito, perché lei riesce in una cosa così ovvia da risultare rivoluzionaria: parla di temi che riguardano tutt∂ e lo fa sbattendo in faccia a chi la guarda il suo stesso cuore. Due anni dopo, l'8 settembre 1986, va in onda su una rete nazionale la prima puntata dell'"Oprah Winfrey Show", che presto milioni di americani chiameranno semplicemente evocando il suo nome, perché per riconoscerlo non servirà altro. Quello che Oprah fa e quello che Oprah è sono già diventati la stessa cosa.

La sua personalità è talmente forte che sin dalla prima puntata si può permettere di fare una scelta controcorrente e non chiamare alcuna celebrità: fa sedere sul suo divano persone del tutto sconosciute alle quali chiede cose dirette e apparentemente semplici: "Come sposare l'uomo o la donna della propria vita?". Oprah alterna le infelicissime storie degli ospiti alle sue devastazioni personali, nelle quali abbonda in particolari senza tralasciare nulla: gli abusi e le violenze subite da bambina, i disturbi alimentari, i problemi di droga e infine l'happy ending. La sua storia è il più forte dei traini, perché "crescere in una società che nel profondo ti considera inferiore per via del tuo sesso e del colore della tua pelle e riuscire a uscirne senza rancore né rabbia è una cosa incredibile di per sé". Così incredibile che il pubblico la guarda, si immedesima, si commuove e in poco tempo diventa "il pubblico di Oprah", la sua comunità.

Il "Time" scrive: "Quello che manca a Oprah in termini di piglio giornalistico, lo rimedia con una schietta curiosità, un robusto senso dell'umorismo e, soprattutto, una grande empatia. Gli ospiti che hanno storie tristi da raccontare spesso le fanno venire le lacrime agli occhi, e così si ritrovano a dire cose che non si sarebbero mai immaginati di rivelare, soprattutto sulla tv nazionale. È il talk show come terapia di gruppo".

È proprio grazie al mood da seduta di analisi collettiva che Oprah estorce ai suoi ospiti confessioni che non farebbero nemmeno sotto ipnosi. Lady Gaga le racconta degli stupri subiti, Whitney Houston non risparmia i particolari dell'inferno cui l'ha sottoposta l'ex marito Bobby Brown, Tom Cruise salta, pazzo di felicità per il matrimonio con Katie Holmes, Ellen DeGeneres fa coming out e Lance Armstrong piange battendosi il petto e ammettendo di essersi dopato: mea culpa, mea culpa, mea maxima culpa. I media americani definiscono il suo modo di fare televisione con un neologismo: "Oprahfication". Il grimaldello è sempre lo stesso: Oprah ti vuole bene, Oprah ti capisce, ci è passata prima di te, sa come ti senti. Dicono che è volgare, che pasteggia con il dolore altrui, e forse è vero. Ma il potere di suscitare la fiducia in chi parla e in chi da casa ascolta è solo il primo degli obiettivi di Oprah. Quello che davvero vuole è diventare così influente da cambiare le carte in tavola. Una volta conquistata l'attenzione di milioni di persone, può condurle per mano a occuparsi dei temi sociali che le stanno a cuore: il razzismo, gli abusi sessuali, la disparità di genere. Oprah dal suo divano fa politica nel modo più popolare che esiste e alla fine è con quella che davvero sbanca.

La prima azione politica di Oprah comincia dal suo stesso corpo. Nel 1988 si presenta nel suo studio televisivo trascinando come Sisifo un pesante carrello pieno di strani sacchetti che, come scopriranno i telespettatori, contengono il corrispettivo di 30 kg in grasso animale. Non è una cifra a caso, ma il peso esatto che Oprah ha perso nei mesi precedenti, intraprendendo una drastica dieta a base di cibi liquidi. Quel carrello – racconta lei stessa al pubblico – contiene soprattutto la sua forza di volontà, perché sta trasportando la possibilità di spezzare la maledizione a cui sembrava inchiodata dalle miserie dell'infanzia.

Oprah, attraverso il racconto dell'inversione del suo destino, si offre come modello di riscatto a tutte le ragazze d'America, che siano grasse o magre, bulimiche o anoressiche, abusate o sopravvissute, nere e persino bianche: se ha vinto lei la sua battaglia, chiunque può farlo. Oprah politicizza il suo corpo anche in un altro modo, mai osato prima da nessuna donna con qualche potere mediatico: durante il suo show racconta di non aver voluto figli perché "se li avessi mi odierebbero. Sarebbero finiti in un equivalente dell'"Oprah Show' a parlare di me; perché nella mia vita qualcosa avrebbe dovuto essere sacrificato e sarebbero stati probabilmente i miei figli".

C'è qualcosa di prepotentemente liberatorio nell'ammettere che essere madri non è un istinto insito in ogni donna e che alcune possano decidere che la loro strada sia semplicemente un'altra. Si potrebbe pensare che la maternità di Oprah si sia giocata da un'altra parte: sul divano del suo studio televisivo, perché lei a tratti si comporta come una madre accudente. In venticinque stagioni e 4561 puntate del programma fa fioccare sul pubblico che la segue da casa i regali prodigiosi sponsorizzati dagli inserzionisti: macchine, solitari di diamanti o rubini, smartphone e persino assegni. In realtà di materno in quel meccanismo retributivo c'è poco: Oprah è solo una donna pratica e i regali fanno parte della sua concretezza. Vai da lei, le fai dono del tuo trauma, vieni consolato e capito, torni a casa con delle risposte e magari anche con un viaggio in prima classe per l'Australia. Non ti dice semplicemente cosa fare per stare meglio, lei ti fa stare meglio. E in questo

– rispetto alle altre forme di quella che in Italia si chiamerà "tv del dolore" – c'è tutta la differenza del mondo.
Oprah dispensa cose belle, sa ascoltare e non si ammala mai. "In venticinque anni" racconta "non ho fatto un solo giorno di assenza, per quanto stessi male: pensavo alle persone che venivano in studio. Una si fa la manicure, la pedicure, tutto quanto. Si mette il vestito nuovo. Lo dice ai vicini, ai colleghi di lavoro. E quando arriva io non ci sono? Piuttosto devi vedermi così malata che casco dalla sedia." Non tutti i regali che farà saranno però forniti dagli sponsor. Quello di gran lunga più rilevante, la sua influenza, lo offrirà a Barack Obama nel 2007: il suo sostegno per la corsa alla Casa Bianca sposterà a favore del senatore nero almeno un milione di voti.

Oltre a non volere figli, Oprah non si è nemmeno sposata, anche se ha un compagno – Stedman Graham – dal 1986. La scelta di non formalizzare il legame sentimentale evidentemente è ancora considerata controcorrente, perché i media – che pure governa così bene quando li ha in mano lei – hanno utilizzato con la sua vita la stessa tagliola dei pregiudizi e degli stereotipi di genere che tocca a tutte. In parecchi articoli, apparentemente celebrativi, moltə giornalistə hanno scritto che ha vissuto una vita piena di soddisfazioni "anche se non si è sposata, anche se non ha avuto figli", raccontando le sue scelte come un'assenza, piuttosto che come una pienezza. A questo tentativo di sminuirla Oprah risponde così: "A un certo punto a Chicago avevo comprato un appartamento più grande perché pensavo: 'Be', se ci sposiamo, io e Stedman avremo bisogno di spazio per i bambini'. Poi non è successo. Ho visto la profondità della responsabilità e del sacrificio che è effettivamente richiesto a una madre. Ho parlato con molte persone incasinate e ho scoperto che lo erano perché avevano avuto madri e padri che non erano consapevoli di quanto serio fosse quel lavoro. Io non ho mai avuto la capacità di dividere in compartimenti stagni la vita privata e il lavoro, come sanno fare altre donne. È per questo che ho sempre avuto il massimo rispetto per le donne che scelgono di restare a casa con i loro figli. Nessuno dà alle donne il riconoscimento che meritano".

Difficile immaginare un modo più astuto di dire che la maternità resta una cosa buona senza doverlo per forza dimostrare con la propria esistenza. Sulla maternità a Oprah è necessaria una sola frase per centrare il punto: "La biologia è il minimo che fa di una donna una madre". Per questo, tra le moltissime cause umanitarie da lei sostenute, fonda – seguendo il suggerimento di Nelson Mandela – la "Oprah Winfrey Leadership Academy for Girls" in Sudafrica, vicino a Johannesburg, una scuola per ragazze che provengono da situazioni difficili, di abusi e povertà. "Quelle ragazze" racconta "riempiono al meglio quel lato materno che forse avrei avuto. L'amore non conosce confini. Non importa se un bambino è venuto al mondo dal tuo grembo o se l'hai incontrato all'età di due, dieci o vent'anni. Se l'amore è vero, funziona."

Anche l'amore con Stedman funziona, ma ha i tratti dell'accordo sentimentale tra persone ricche e dedite al lavoro. Lui è un imprenditore e scrittore e di base sta in Florida, mentre Oprah vive in California. I quasi quattromila chilometri di distanza sono un'ottima soluzione per la loro felicità. "Oggi ci diciamo" racconta Oprah "che se ci fossimo sposati non staremmo più insieme. Alcuni giorni lavoravo per diciassette ore e così anche i miei produttori, poi tornavo a casa e c'erano i miei due cani. Stedman mi ha sempre lasciato lo spazio per essere ciò che volevo nel mondo. Non mi ha mai chiesto niente del tipo: 'Dov'è la mia colazione? Dov'è la mia cena?'. Credo anche che parte del motivo per cui non ho rimpianti sia che ho sempre fatto ciò che era meglio per me."

Eppure, in mezzo a tutto questo, d'improvviso appare la minaccia di una crepa. Nel 2010 esce *Oprah, a Biography*, una biografia non autorizzata firmata da Kitty Kelley, giornalista esperta nel riesumare scheletri dagli armadi che i superfamosi hanno trascorso vite intere a tenere ben serrati. Dopo aver passato al microscopio le esistenze di Jackie Kennedy, Elizabeth Taylor e Nancy Reagan, Kitty Kelley arriva a Oprah e lo fa realizzando ottocentocinquanta interviste a parenti, conoscenti, sedicenti amici. Nel suo racconto si avanza il dubbio che la povertà infinita, i racconti dickensiani dell'infanzia (per esempio i due scarafaggi adottati come animali domestici dalla piccola Oprah) siano grosse bugie, meri elementi narrativi manipolati dalla protagonista per meglio affinare la costruzione del suo personaggio. Kitty racconta una Oprah adolescente che si prostituisce per soldi e persino una Oprah lesbica che tiene il marito come copertura, ma in realtà ama le donne e le foraggia di gioielli costosi e kitsch, come un anello da piede con un diamante grande come una nocciola. C'è anche il racconto di un ex fidanzato poco lungimirante – John Tesh – molto amato da Oprah, ma dotato di un pessimo tempismo: come il quinto Beatles, John alza i tacchi e se ne va un attimo prima del successo di lei. Nella sua intervista rivendicativa, John ricostruisce nitidamente la loro ultima notte: lui così bianco, disteso nel letto con lei accanto così nera, nell'insostenibilità di quello che lui definisce un "contrasto cromatico della pelle eccessivo". Il racconto finisce con l'ombra di lui che si allontana senza tornare più, vivendo poi pieno di rimpianti per quell'occasione mancata. Le pagine più morbose sono quelle sul rapporto malato tra Oprah e il cibo spazzatura, come il suo avventarsi famelico sui biscotti ipercalorici che, poche ore prima, ha sconsigliato alle mamme che guardano il suo show.

La quantità di rivelazioni è tale che spezzerebbe l'immagine di chiunque altro, ma non di Oprah. Dal primo momento della sua carriera, la sua forza è stata proprio quella di confessare le proprie debolezze, e il pubblico, che in quelle ferite si è immedesimato per anni, percepisce gli attacchi a lei come attacchi a se stesso. Kitty Kelley e il suo libro finiscono nell'oblio, e per aver osato attaccare Oprah lei viene radiata da tutti i salotti televisivi.

Il 25 maggio 2011 va in onda l'ultima puntata dello show. Le ultime parole che Oprah pronuncia sono: "A Dio sia la gloria". La gloria, ovviamente, l'ha presa lei. Quando le chiedono cosa le manca di più, oggi risponde: "Il dialogo con gli spettatori. Il mio psicologo è stato il pubblico. Più che parlare ascoltavo e intanto imparavo dagli errori degli altri. Ho ascoltato più di trentasettemila persone. Negli altri io mi rivedo molto: l'unica differenza fra me e loro è che più gente sa come mi chiamo". Le cose con l'avvento dei social sono però cambiate troppo perché il rapporto diretto con i fan sia ancora così sereno come lei descrive quello degli esordi. Ora non ama più entrare in contatto con il pubblico, perché "la gente non vuole parlare. Vuole solo un selfie. Vuole la prova, che è l'esatto contrario di un'interazione".

Quando una persona inizia da una vita sconfitta in partenza, l'imbarazzo dello stravincere non esiste e infatti Oprah nel suo successo non ne ha alcuno. "Non importa chi tu sia, o da dove tu venga. La capacità di trionfare inizia con te. Sempre." Il suo trionfo (che è anche il suo riscatto) lei lo vuole bello chiaro, scandito a ogni suo passo: si muove con un jet privato, ha cinque assistenti, un'isola alle Hawaii, un ranch e una tenuta a Montecito, una villa in Colorado (con funicolare privata che la catapulta direttamente alla sua pista da sci), e via così, verso la certezza che nulla di quello che le è stato negato da piccola possa non essere suo da grande. Sarebbe già un traguardo notevole per chiunque, ma c'è una cosa che non bisogna dimenticare mai quando si parla di Oprah e del suo percorso verso la ricchezza: è una donna ed è nera.

Quando nel 2018 è la prima donna afroamericana a venire onorata con il Cecil B. DeMille Award ai Golden Globe, il suo discorso è da standing ovation. "Nel 1964 ero una ragazzina seduta sul pavimento di linoleum della casa di mia madre vicino a Milwaukee e guardavo Anne Bancroft annunciare l'Oscar come miglior attore ai trentaseiesimi Academy Awards. Aprì la busta e pronunciò cinque parole che letteralmente fecero la storia: 'Il vincitore è Sidney Poitier'. Sul palcoscenico arrivò l'uomo più elegante che avessi mai visto. Ricordo che la sua cravatta era bianca e, naturalmente, la sua pelle era nera. Non avevo mai visto un uomo di colore celebrato in quel modo. Ho provato molte volte a spiegare cosa significhi un momento come quello per una bambina che guarda dagli ultimi posti mentre la madre esce dalla porta stanca di pulire le case di altre persone. Tutto quello che posso fare per spiegarmi è citare la performance di Sidney nel film *I gigli del campo*: 'Amen, amen, amen, amen'. Nel 1982 Sidney ha poi ricevuto il premio alla carriera proprio qui ai Golden Globe e non mi sfugge il fatto che in questo momento ci saranno sicuramente a casa alcune bambine che guardano me mentre divento la prima donna nera a ricevere lo stesso premio. Quello che so per certo è che parlare della tua verità è lo strumento più potente che tutte abbiamo. Stasera voglio esprimere gratitudine a tutte le donne che hanno sopportato anni di abusi e aggressioni perché loro, come mia madre, avevano figli da sfamare, fatture da pagare e sogni da perseguire. Sono le donne i cui nomi non sapremo mai. Sono lavoratrici domestiche e contadine. Stanno lavorando nelle fabbriche e nei ristoranti e sono nelle università, sono ingegnere, dottoresse e scienziate. Fanno parte del mondo della tecnologia, della politica e degli affari. Sono le nostre atlete alle Olimpiadi e sono le nostre soldatesse nell'esercito. Per troppo tempo, le donne non sono state ascoltate o credute quando hanno osato dire la loro verità davanti al potere di quegli uomini. Ma il tempo di quegli uomini è scaduto. Il loro tempo è scaduto."

Ci sarebbero tutti gli elementi per immaginare che a Oprah manchi un ultimo passaggio per completare il miracolo del sogno americano, e non è difficile, davanti a tanta determinazione, pensare un futuro credibile dove lei, con le gambe accavallate e i tacchi poggiati sulla scrivania dello Studio Ovale, possa finalmente essere la prima presidente degli USA, ma è lei stessa a frenare l'entusiasmo di quel volo pindarico: "In una struttura politica come quella – fatta di finte verità, balle eclatanti, porcate, malignità, tradimenti alle spalle – sento che non potrei sopravvivere. Non è un lavoro pulito. Mi ucciderebbe". Magari qualche anno fa ci avrebbe anche pensato, quando, dice, "avevo un bisogno assoluto di compiacere i desideri degli altri", ma ora è "guarita all'87-89 per cento". E del resto a cosa le servirebbe diventare presidente, se ha già dimostrato di avere la forza per farne eleggere uno?

L'ultimo capolavoro Oprah lo ha fatto ancora una volta con la narrazione. È sua l'intervista ai duchi di Sussex Meghan Markle e Harry Windsor dopo il loro addio alla famiglia reale. Nella conversazione durata tre ore e venti Oprah è vestita interamente di rosa e parla amabilmente con una Meghan stretta in un abito Armani nero con grandi fiori di loto bianchi sulla spalla, simbolo non casuale di rinascita. A circondarle, in quella che sarà l'intervista più imbarazzante per la casa reale dopo la confessione dei tradimenti di lady Diana, c'è il verde del giardino di una villa da ricchissimi prestata per l'occasione da un amico comune, a Montecito. Il sole si poggia lieve sulle poltroncine di paglia intrecciata, mentre Meghan racconta i dispetti che ha subito dai reali inglesi sin dal primo momento: dal doversi cercare su Google il testo di *God Save the Queen* perché nessuno si era preso la briga di insegnarle l'inno, alle dispute con Kate Middleton per faccende non secondarie di vestiti, fino alle accuse di razzismo alla famiglia reale, piuttosto preoccupata del colore della pelle del bambino di Harry e Meghan, tenuto conto del sangue misto della madre. Oprah non è mai neutrale nell'intervista. "Cosaaa?" esclama indignata davanti alle rivelazioni dei Windsor dimissionari, e ogni sua espressione e gesto sono da archivio storico della televisione.

La CBS lo sa bene e infatti le corrisponde un cachet che competerà con quello dei principi, pare tra i sette e i nove milioni di dollari. Tra una lacrima e un cinguettio, balena anche la ferocia con cui riesce a tirare fuori da Meghan le dichiarazioni più affilate: i pensieri suicidi, il sequestro della patente e della carta d'identità e il rispecchiamento della sua vita con quella di Ariel, protagonista della *Sirenetta*. Meghan racconta a Oprah che il giorno del suo trasferimento a Nottingham Cottage trasmettevano in tv il cartone animato, così aveva lasciato perdere le cose da sistemare e si era immersa negli abissi con Ariel, fino a quando aveva pensato con inquietudine a quanto la sua storia somigliasse a quella della sirena: entrambe avevano perso la voce perché si erano innamorate di un principe. Oprah strappa l'impronunciabile anche a Harry: l'ex principe muove infatti un "J'accuse" degno del miglior Émile Zola al fratello e al padre, che ritiene ancora intrappolati e invischiati mani e piedi nel sistema. Diana è onnipresente, soprattutto quando lui condivide la commovente urgenza di salvare la moglie dalla cronaca di una morte annunciata, come non era riuscito a fare con la madre. Il mondo ancora una volta si divide tra chi li considera dei manipolatori, principi solo del vittimismo, e chi si dispiace per loro, ennesime prove viventi del fatto che anche i ricchi piangono. Si parla dell'intervista per mesi sui quotidiani, nelle tv e nei bar, ma a Oprah di tutto quel riverbero importa ormai molto poco. Ha sganciato un'altra bomba, il mondo si è inchinato a lei, può andare oltre.

Il talento di Oprah è psicanalitico anche senza la professionalità per potersi dire tale. Lo è nella misura in cui lo è sempre la narrazione quando fa il miracolo di trasformare un trauma – un'esperienza personale scioccante – in un dolore, cioè qualcosa che può appartenere anche a chi non ha vissuto quel particolare strappo vitale, ma può arrivare empaticamente a riconoscersi in esso. Oprah per anni è stata l'anello di congiunzione tra il vissuto personale e l'immaginario collettivo dell'America e attraverso quel processo culturale, che prima di lei non esisteva e dopo di lei ha dovuto esistere alle sue condizioni, ha reso possibile l'emancipazione di migliaia di persone che non ha mai nemmeno visto in faccia. Lo ha fatto con l'empatia, una delle cosiddette *soft skills*, le capacità morbide, che il patriarcato assegna da sempre all'indole femminile, a contrasto con le *hard skills*, le competenze forti, che invece appartengono per definizione ai leader di sesso maschile. L'empatia è dunque una caratteristica del servizio, del lavoro di seconda fila, non della leadership, che anzi viene percepita più forte nella misura in cui meno si cura delle reazioni altrui. Oprah ha dimostrato al mondo intero, non solo all'America, che sentire dentro di sé quel che gli altri sentono è un potere, e non solo può sostenere una leadership, ma addirittura trasformarsi in ricchezza, anche economica. Se ci dicono: "Non puoi comandare perché sei troppo sensibile", ricordarci di questa lezione potrebbe tornare davvero molto utile.

Nadia Comăneci

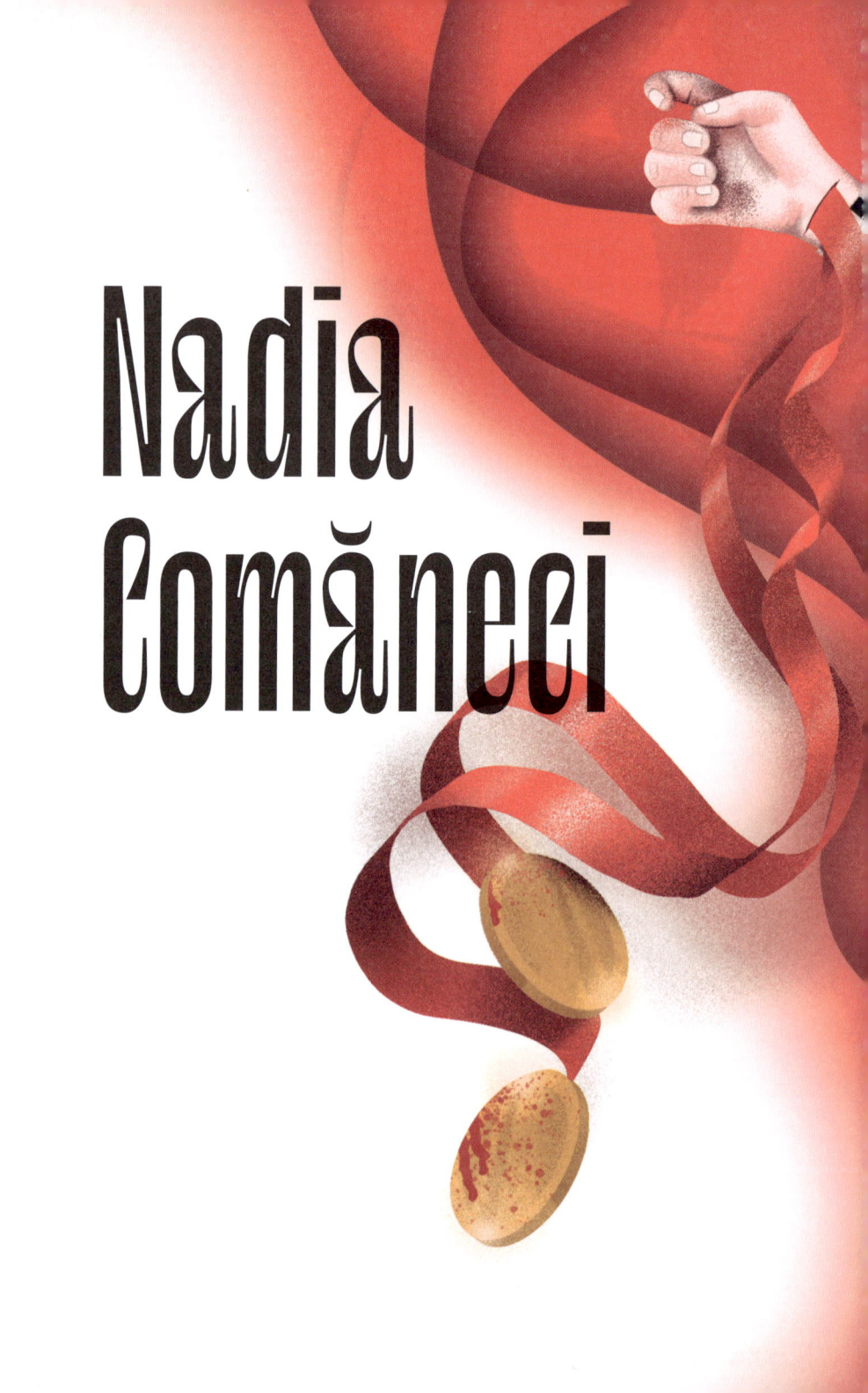

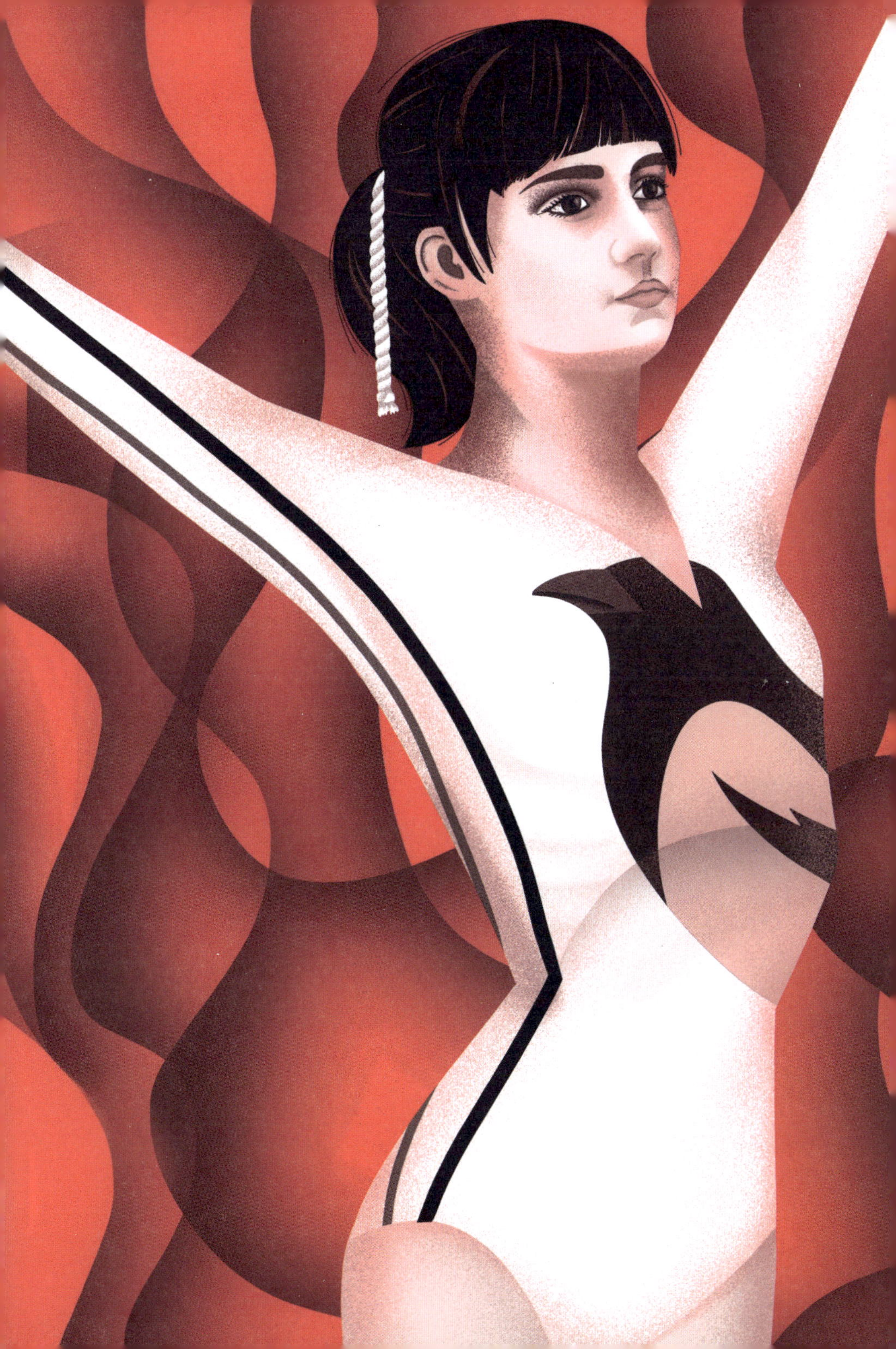

NADIA COMĂNECI

Bucarest, novembre del 1989: una ragazza di ventotto anni con l'aria triste e l'aspetto dimesso viene pizzicata da un controllore su un autobus senza biglietto. Lui sta per farle la multa, lei lo guarda e quasi scusandosi gli dice: "Ma io sono Nadia", come se bastasse quel nome a riportarla indietro nel tempo, a quando era l'eroina di un'intera nazione. Il controllore, a metà tra l'infastidito e l'intenerito, lascia perdere e la obbliga a scendere dall'autobus. È da quel mancato riconoscimento che la ragazza capisce di essere finalmente libera. Solo allora, quando è quasi un fantasma e il suo nome non conta più nulla, può riprendersi la sua vita e scappare. Quello stesso mese camminerà per sei ore, da sola, fino a raggiungere un punto concordato con un amico che la attende dall'altra parte del confine, quella ungherese, per aiutarla a fuggire. Da qui comincia la seconda vita di Nadia Comăneci, la ragazzina che alle Olimpiadi del 1976, con il suo 10 perfetto, diventava una delle leggende del XX secolo. Nella sua prima vita, quella infelice, la stessa strepitosa vittoria olimpica che aveva cambiato la storia dello sport aveva però trasformato la sua in un inferno. Diventata all'improvviso simbolica e almeno in linea teorica ricca, Nadia non era però libera di godersi nulla di proprio. La sua vittoria rendeva potente la sua nazione al punto da farla cominciare a esister geograficamente nell'immaginario del mondo che fino a quel momento l'aveva ignorata, ma niente di ciò che la piccola ginnasta aveva generato le apparteneva davvero.

Molte delle Morgane di questo libro sono diventate forti grazie alla loro capacità di produrre reddito e riuscire a beneficiarne. Nadia Comăneci ha sperimentato una situazione specularmente opposta: ha permesso ad altrə di avere moltissimo da lei, mentre lei ha avuto pochissimo e, in certe fasi della vita, proprio niente. Situazioni meno estreme di quella di Nadia vengono vissute da molte donne ogni giorno sul posto di lavoro, quando si vedono pagate – a parità di mansioni – meno della metà dei colleghi maschi, o quando non riescono ad arrivare alle cariche apicali per il famigerato soffitto di cristallo che limita la loro ascesa a prescindere dalle capacità mostrate. L'indipendenza economica è la chiave della libertà di una donna, perché ti lascia la possibilità di scegliere come vivere, di decidere se restare o andartene, se ricostruirti o demolire. Ma cosa fai se quella possibilità, nonostante le tue risorse, non ce l'hai?

In lingua russa Nadežda (di cui Nadia è diminutivo) significa "speranza", ed è proprio la speranza quella che i Comăneci – papà meccanico e madre casalinga – ripongono nella loro bambina quando la iscrivono all'associazione sportiva Fiamma. Il nome è tutto un programma: lo scopo del centro è quello di formare piccole atlete a diventare stelle incandescenti. Nadia, che ha tre anni, è molto contenta di questo nuovo mondo: in palestra può saltare, correre, piroettare e lanciarsi in tutte quelle acrobazie che a casa non le permettono di fare. È così che prende dimestichezza con le possibilità dei suoi movimenti, ma per vedere il futuro eccezionale che la aspetta occorre uno sguardo da veggente. Quello sguardo lo poserà su di lei Béla Károlyi, un allenatore che insieme alla moglie Marta ha una scuola a Onești, dove Nadia è nata.

La prima volta che abbiamo letto il nome dell'allenatore di Comăneci, abbiamo pensato che il caso non è mai per caso. L'unico Béla di cui avevamo memoria era l'attore Béla Lugosi, che ha sovrapposto la sua esistenza a quella del vampiro più famoso del mondo, il conte Dracula, ma Károlyi è un succhiasangue decisamente più temibile del suo collega. Nel giro periodico delle scuole elementari che l'allenatore fa alla ricerca di giovani prodigi da assoldare, un pomeriggio scova Nadia Comăneci intenta a giocare con un'amica nel cortile e rimane ipnotizzato. Le due bambine fanno la ruota, saltano come se fossero fatte di elastici, ma una delle due, Nadia, guizza e sguscia fuori da se stessa ed è prodigiosa senza saperlo mentre sfida la legge di gravità. "Non conosceva la paura" racconterà anni dopo di quella bimba di sei anni con ancora i codini in testa. La scuola di Béla e Marta, in quanto a disciplina, fa apparire l'allenatore di Mimì Ayuhara – la pallavolista dei cartoni animati con le catene ai polsi che si prende pallonate in faccia come carezze – una specie di Babbo Natale. Leggenda metropolitana o meno, parecchie ex allieve hanno paragonato Béla a un sadico psicopatico che considerava le violenze fisiche e psicologiche fondamentali per temprare gli spiriti e i corpi delle atlete.

Quando chi ti dovrebbe proteggere non ti vede, a te non resta che cavartela da sola. Gheorghe, il padre di Nadia, se n'è andato a vivere con un'altra donna e Stefania, la madre, non è in grado di contenere il proprio dolore, figuriamoci se può occuparsi di quello della figlia. Dunque, affidarla ai due allenatori anche per quel che compete l'educazione extra sportiva è per lei la soluzione più pratica. Tutta l'esistenza delle atlete è ritmata dalle esigenze degli allenamenti e in questa cornice è perfettamente logico che Nadia vada a vivere nell'accademia dei Károlyi. Poco importa quello che accade lì. Con un equivoco che ha rovinato la vita di molte figlie di genitori benintenzionati quanto inadeguati, si sceglie il peggio convinti di fare il meglio possibile.

Il cibo è poco e non perché ne manchi: il primo degli allenamenti è la dieta. Otto ore al giorno di esercizi sono ricompensate da 150 grammi di carne tra pranzo e cena, yogurt e verdure, ma niente pane, farina e zucchero: le ragazze non devono prendere peso. D'altro canto, racconterà Nadia, a casa era anche peggio: "Quando andava bene mangiavo due panini al giorno, non esistevano pasticcerie e nemmeno le caramelle. Facevamo la fila alle quattro del mattino: sugli scaffali solo maionese, mostarda e fagioli. A pranzo: una fetta di salame, due noci, un bicchiere di latte. A dirlo adesso fa ridere, ma con Ceaușescu non si scherzava".

Anche l'acqua è razionata, Béla e Marta controllano le ginnaste persino sotto la doccia, per impedire loro di bere di nascosto direttamente dal getto. "Avevano paura che bevessimo troppo e aumentassimo di peso. Noi aspettavamo a tirare lo sciacquone, salivamo sul water con un bicchiere in mano e bevevamo l'acqua dalla vaschetta" racconta Nadia, che ricorda anche di come una luce accesa nel dormitorio oltre l'orario consentito dalle regole fosse sufficiente a Béla per obbligarle a correre in pigiama nella neve, a notte fonda. Gli allenamenti sembrano usciti dal film *Non si uccidono così anche i cavalli?*: le ragazze ripetono fino a quindici volte di seguito la sequenza di trenta salti, compresi quelli mortali, per perfezionarsi ancora e ancora.

A quelle condizioni Nadia ci mette poco a non divertirsi più, e perdere il divertimento a sei anni è un danno notevole, ma in cambio si vedono altri risultati: inizia a vincere qualsiasi cosa si possa vincere. Nel 1969, a otto anni, partecipa ai campionati rumeni e si piazza tredicesima; l'anno successivo, nella sua prima competizione nazionale a squadre, cade dalla trave, ma porta a termine con determinazione l'esibizione e riesce comunque a vincere. Sono errori destinati a scomparire sotto la sferza della disciplina più severa. Presto Nadia non cadrà più, scalerà le classifiche e farà incetta di medaglie d'oro che la porteranno sino a Montréal, in Canada, per le Olimpiadi del 1976.

Le altre ginnaste sono molto più famose e belle di Nadia e delle sue compagne e sono soprattutto più grandi, più donne. "Al nostro arrivo a Montréal non ci conosceva nessuno: ogni attenzione era riservata alle russe" racconterà lei. "Béla invece se ne fregava che fossimo graziose. Ogni settimana designava tra noi la più spericolata, la più rapida, e tutte aspiravamo a quella designazione. Lui valorizzava la nostra forza, il nostro coraggio e la nostra resistenza, non certo le acconciature. Credo che preferisse lavorare con ragazzine giovanissime proprio per questo: perché non avevamo avuto il tempo di imparare le regole dell'eleganza."[*]

---

[*] Questo brano e quelli delle pagine seguenti sono tratti da: Lola Lafon, *La piccola comunista che non sorrideva mai*, traduzione di Sergio Arecco, Milano, Bompiani, 2015.

Il corpo di Comăneci è funzionale alla vittoria, non serve per ammaliare. È un marchio politico da sventolare in un'epoca in cui gli sportivi vengono utilizzati come potenti strumenti di propaganda. Dirà lei stessa che "I rumeni vendevano il comunismo", e se per farlo è occorso nutrire le ginnaste a steroidi e anabolizzanti per tentare di bloccarle in una pubertà eterna, nessunə ha sottilizzato troppo. Durante quei giorni elettrici, la cosa che più colpisce le giovanissime atlete rumene è la quantità folle e coloratissima di cibo a disposizione. Una compagna di Nadia annota nel suo diario: "Si nutrono come animali qui. E masticano tutto il tempo. Sul tavolo: vasetti colmi di una pasta scura e grandi focacce farcite con salsa di pomodoro, prosciutto e formaggio fuso". Non conosce nemmeno i nomi di ciò che sta descrivendo: burro d'arachidi e pizza, quello che ogni adolescente di quelle parti mangia tutti i giorni. Béla nasconde alle sue ginnaste qualsiasi cosa possa distrarle o, molto peggio, farle ingrassare. Se radi al suolo la possibilità stessa del desiderio, nessunə può ricattarti o tentarti. Nella Romania di Ceaușescu non esisteva il desiderio, perché tuttə avevano a stento il necessario. Nadia ricorderà lo stupore della madre, durante la sua prima visita in America al seguito della figlia in trasferta. Racconterà di averla sorpresa piangere tra le corsie di un supermercato del New Jersey, e non per la vista di tutto quel ben di Dio, ma perché "era triste di sentirsi invogliata davanti a tante offerte che per lei non significavano niente. Da noi non esistevano stimoli al desiderio, mentre da voi si è costantemente spinti a desiderare".

Ciò che non vedi non esiste e Nadia fino a quel momento non era stata niente altro che questo: un'ombra agile senza peso alcuno. Con il suo metro e cinquanta per nemmeno quaranta chili, a quattordici anni si avvita nell'aria sopra e sotto gli attrezzi senza nemmeno sudare. Le viene semplice: non ha seno, la pelle è di un biancore inquietante, in tutto simile alla polvere di magnesio che satura l'aria intorno ai suoi esercizi, e non sorride quasi mai, perché – dirà lei stessa – "un sorriso mi farebbe perdere qualche millimetro di equilibrio e rischierei una penalità". Nel suo addestramento più che decennale il rischio è un'evenienza non prevista. In una recente intervista Nadia ha calcolato di aver provato quello che poi verrà chiamato "salto Comăneci" – con cui chiuderà l'esercizio olimpionico del '76 – più di 20 mila volte. Con quello, come un piccolo automa perfetto, realizzerà il sogno dei suoi spietati progettisti, offrendo un'esibizione talmente prodigiosa da lasciare pubblico e giudici senza fiato. Al momento della votazione accade infatti qualcosa senza precedenti: sul tabellone si accende il voto 1. Nessuno ha mai assistito a un'esecuzione così e i giudici schiacciano quell'1 nella convinzione di poterlo far seguire dallo 0 che avrebbe composto la leggenda del 10. Scoprono però solo in quel momento che la numerazione digitale arriva fino a 9,99 perché la valutazione della ginnastica artistica non contemplava la perfezione. Nadia Comăneci è il 10 che mancava.

Mentre i tecnici sistemano la bega numerica, un ginnasta americano di diciotto anni, biondo e molto bello, che non ha vinto niente e si chiama Bart Conner, corre da Nadia e le dà un bacio sulla guancia a favore delle telecamere per complimentarsi con lei. Nadia, che è un piccolo robot concentrato a fare il suo dovere, non sa cosa sia la tenerezza di un gesto affettuoso e nemmeno si accorge di lui.

Alle Olimpiadi guadagnerà il 10 altre sei volte vincendo tre ori, un argento a squadre e un bronzo nel corpo libero. Senza avere la minima idea di cosa sia la politica, diventerà l'arma perfetta di Nicolae Ceaușescu, la piccola campionessa dello sport che fa sventolare la bandiera rumena in tutto il mondo. "Ho vinto tre medaglie d'oro che dedico al Partito, alla patria e al popolo rumeno" ripeterà a memoria in molte interviste mentre stringerà una bambola che le hanno appena regalato: ha la frangetta come lei e come lei non sorride. I giornalisti iniziano a chiamarla *poker face* per la sua incredibile capacità di nascondere ogni emozione: sono turbati da questa ragazzina che non sbaglia mai e che trasmette spietatezza in ogni frase che pronuncia.

Quello che fa Nadia è miracoloso e propizio per molti motivi. La Romania è un paese pieno solo di fame; non ci sono letteralmente i soldi per nutrire i figli che il popolo rumeno è costretto a mettere al mondo obbedendo alla volontà di Ceaușescu. Da quando è salito al potere nel 1967, ha emanato un decreto che vieta l'aborto. Dietro la rinuncia al controllo delle nascite non c'è nessun motivo religioso, ma il nazionalismo patriottico e produttivo: l'aumento della popolazione servirà nei suoi piani a raddoppiare la forza lavoro. Il preambolo al decreto dice che "non essere sposata è motivo di sospetto" e specifica anche il numero obbligatorio di figlia per donna: cinque. "Il tentato aborto sarà punito con il carcere e le donne che si rifiutano di avere figlia saranno anch'esse passibili di detenzione." Impossibile procurarsi i preservativi e il risultato è che muoiono migliaia di donne a causa degli aborti clandestini. È impressionante il numero delle famiglie indigenti costrette ad abbandonare i figli in orfanotrofi che possono garantire loro solo malnutrizione, abusi e spesso la morte. La repressione violenta di ogni tipo di dissenso è la base della sua politica: si fa chiamare "il Condottiero" e va in giro brandendo uno scettro, padrone di una nazione portata allo stremo per ottenere l'indipendenza economica che lui agogna e che sotto quel tipo di governo non arriverà mai, se non per i pochi corrotti funzionari che reggono oligarchicamente il sottogoverno di quella dittatura.

Nadia è la campagna pubblicitaria perfetta del dittatore tiranno: se lui si fa chiamare "il Genio dei Carpazi", lei ne diventa "la Fata", la bambina nata in un paese socialista e ricompensata con i più importanti titoli sportivi mondiali. Ceaușescu le conferisce il titolo di "Eroe del lavoro socialista" e ogni mattina, quando lei entra in palestra per i consueti allenamenti, Béla la accoglie dicendo: "Ecco la nostra vacca sacra e decorata!".

La vacca sacra, onore dopo onore, spalanca senza volerlo la porta che la condurrà dritta nell'incubo.

Il figlio prediletto di Ceaușescu, Nicu detto "il Principe" – undici anni più grande di Nadia –, la sceglie come nuovo balocco, e ciò che il principe vuole, il principe ha. Giocatore d'azzardo, gran bevitore e famoso principalmente per gli abusi sulle donne che hanno la sfortuna di diventare l'oggetto del suo desiderio, Nicu prende Nadia come sua amante bambina praticando su di lei ogni tipo di violenza. Spesso, se andiamo a cercare il guasto nella vita di chi distrugge quella degli altri, troviamo chi per primo ha generato l'orrore. Nel caso di Nicu si tratta della madre, Elena, una che ha delle soluzioni un po' drastiche a ciò che per lei costituisce un problema. Non le piace la donna che Nicu ha scelto e che sarà il suo primo e unico, grandissimo amore? La fa rapire dai servizi segreti e la costringe ad abortire il figlio che aspetta da lui. Quando Nicu, devastato, prova a scegliere un'altra ragazza, di nuovo Elena interviene ritenendo che non sia all'altezza e si sbarazza di lei facendola spedire in Italia. Su Nadia invece non ha nulla da eccepire: la piccola soldatessa è perfetta per il figlio, così perfetta che nessuno pensa minimamente di chiederle il consenso.

Nadia, allontanata dalla famiglia, viene rinchiusa in un palazzo in cui vive sola, piantonata giorno e notte dalle guardie di Nicu e con la possibilità di uscire solo dopo aver ricevuto il permesso di quest'ultimo. Un autista la piazza su una Bentley e la porta dove il principe dice di volta in volta. L'unico modo che ha per salvarsi – pensa lei in quella spirale distruttiva e poi autodistruttiva – è mettersi fuori gioco, così si boicotta e lo fa nel modo più semplice: con il cibo. Mangia moltissimo per ingrassare: in questo modo sarà troppo pesante per saltare e avvitarsi come a Montréal. Il regime sa però essere molto convincente e la obbliga a tornare in forma per continuare a gareggiare. Nadia riprende a piroettare e a vincere, ma non come prima. Ai Mondiali del 1978 ha i capelli corti, è parecchio più alta e il suo corpo è diventato morbido, più simile a quello delle altre ginnaste. Torna a casa con un oro alla trave e l'argento nel volteggio. Nel concorso generale a squadre, porta la sua a salire sul secondo gradino del podio, mentre nella classifica generale individuale scende per la prima volta. Alle Olimpiadi di Mosca del 1980 alterna ori e argenti, ma nella prova individuale con tutti gli attrezzi i giudici – dopo un verdetto finale che impiegano più di 25 minuti a formulare – stabiliscono per lei un secondo posto dietro alla russa Yelena Davydova, che gioca in casa e ha il sostegno del regime e del pubblico. Béla urla che è una vergogna, che sono dei corrotti e probabilmente ha ragione. Nadia continuerà a vincere e perdere per alcuni anni, ma non sarà più affare di Béla. Lui e Marta decidono di disertare durante un tour che li ha portati negli Stati Uniti, dove rimangono chiedendo asilo politico nel 1981.

Intanto i lividi sul corpo di Nadia e le unghie strappate aumentano in misura direttamente proporzionale ai suoi tentativi di suicidio: la ricoverano in ospedale prima per un taglio al polso che, secondo la versione ufficiale, si è autoprodotta per via della fibbia metallica dei fermapolsi, poi perché ha "incidentalmente" bevuto della candeggina.

Ceaușescu, mentre la giovinezza di Nadia va in pezzi in mezzo agli abusi senza più nessuna intercapedine tra lei e i suoi aguzzini, commissiona una residenza spettacolare per la propria famiglia: 365 mila metri quadrati divisi tra 1100 stanze. La chiama "la Casa del Popolo", ma è solo casa sua: dodici piani in altezza e otto di sotterranei, con un volume che supera la Piramide di Cheope. Nadia è costretta a trasferircisi. "Era come vivere in una prigione placcata d'oro" racconta. "Non potevo ricevere nessuno, né a casa mia né nei lussuosi alberghi in cui alloggiavo viaggiando per la Romania e in tutto il mondo, quando il signor Nicu Ceaușescu e il suo potentissimo padre Nicolae mi esibivano, sfruttando la mia popolarità come fiore all'occhiello del regime. Quando sono scappata sapevo che i fucili delle guardie avrebbero potuto uccidermi."

A un certo punto Nicu si stanca di lei e allenta la presa. Il tempo ha giocato dalla parte della ragazza. La nuova Nadia si è mangiata la Lolita che dormiva con le sue bambole, il paese non trova più l'incanto in lei, così la dimentica.

Nel 1984 smette di gareggiare e diventa allenatrice, ma il mondo all'improvviso comincia a cambiare molto più velocemente della sua vita. Il 9 novembre del 1989 crolla il Muro di Berlino e l'inevitabile effetto domino ricade su tutti i regimi comunisti, compreso quello di Ceaușescu. È in quel clima che Nadia, salendo su un autobus, non viene riconosciuta più come eroina nazionale. È un bene che si incrocia con una casualità fortunata. Una settimana prima ha conosciuto Constantin Panait, un massaggiatore un po' furfantello e un po' arraffone che le ha garantito il suo aiuto. Con lui nella notte del 27 novembre, grazie alla complicità di una cameriera che si dimostra umana, Nadia si dilegua. Porta con sé una sola medaglia d'oro, la prima. La cameriera rischierà la condanna a morte e si salverà solo perché la data prevista per la sua esecuzione verrà preceduta da quella di Ceaușescu stesso.

Constantin l'aspetta nel punto convenuto alla frontiera con l'Ungheria e la fa salire in macchina "vestita di stracci e con la faccia che m'ero sporcata con la terra", come Nadia stessa ricorda. Arrivano in Austria e chiedono asilo politico agli Stati Uniti. Lei non fa nemmeno in tempo a essere perseguitata come "traditrice del sistema" perché il 22 dicembre una rivolta popolare fa collassare in un istante più di vent'anni di dittatura.

Il sedicente Genio dei Carpazi è costretto a fuggire con la moglie in elicottero, ma viene preso e fucilato nel giorno di Natale dopo un processo durato appena un'ora. Le ultime parole della moglie Elena prima dei cento colpi di kalashnikov sono state: "Andate tutti all'inferno". Dopo quella data 170 mila bambinə verranno ritrovatə negli orfanotrofi, alcunə di loro ancora legatə ai letti. Quando Nadia e Constantin atterrano all'aeroporto JFK, a New York, lei indossa vestiti che sembrano di un altro secolo, un trucco che le aggiunge decenni e la paura paralizzante di non conoscere una parola d'inglese. Eppure è proprio quella la lingua in cui finalmente potrà essere ascoltata e dire cosa pensa, cosa vuole davvero e chi vuole essere. Negli Stati Uniti il ricordo del suo esercizio ginnico è ancora vivo. Tutti la vogliono, l'applaudono, si commuovono per la sua storia. E Nadia, creatura secolare di soli ventotto anni, ha tutta l'intenzione di utilizzare quel corpo allenato per garantire finalmente un reddito autonomo a se stessa. Purtroppo la libertà non basta averla, bisogna anche saperla usare e a Nadia questo non lo ha mai insegnato nessunə. Constantin, con cui ha affrontato l'esilio e quel nuovo mondo, è diventato il suo fidanzato e anche il suo manager. È lui che fissa le interviste con radio, tv e giornali, e non gli importa se Nadia non sa come difendersi da presentatori cinici che la riducono a fenomeno da baraccone. L'unica cosa che conta è guadagnare, ma i cachet li intasca lui.

Nadia fa di tutto in quegli anni. Sfila anche come modella per delle reti locali, dove indossa abiti da sposa che le vanno ogni giorno più stretti. Come sempre quando è a disagio, mangia tantissimo. Una cameriera del diner dove lei e Constantin vanno regolarmente dice che "ordina una bistecca alle 7 del mattino e un cocktail di gamberetti alle undici". Comăneci ha cambiato corpo, ma non sostanza: sa scegliere solo ciò che conosce, cioè un aguzzino che la getterà nell'ennesima relazione abusante. Davanti a chi le chiederà perché è rimasta incastrata in un altro rapporto violento, Nadia tenterà di giustificarsi: "Lui minacciava di chiudermi dentro una valigia, di spedirmi in Romania e consegnarmi alla Securitate". Non riesce a spiegare a quelle persone senza empatia che volerti bene è quasi impossibile quando non hai mai ricevuto bene. Ad amare si impara e a lei nessuno lo ha mai insegnato. Constantin se ne andrà rubandole 150 mila dollari e l'auto, ma per Nadia quel furto sarà la via della sua salvezza.

Nel 1990, ospite in uno studio televisivo, si ritrova seduta vicino a Bart Conner, l'ex ginnasta americano che le aveva schioccato il bacio ignorato nel 1976. Bart nel frattempo ha attraversato i propri successi, vincendo a sua volta le Olimpiadi del 1984, e ha fatto di tutto per essere invitato al talk show in cui sapeva che sarebbe stata presente anche Nadia. Non gli importa se lei all'inizio non lo riconosce. Tenace come solo gli sportivi più disciplinati imparano a essere, Bart è innamorato e mira al risultato. Le mostra una foto di quel bacio e riesce a ottenere la sua fiducia al punto da diventare il suo migliore amico per quattro anni. È un tempo fondamentale per Nadia, necessario a imparare a riconoscere l'amore di un uomo che non vuole usarti. Bart sarà al suo fianco per aiutarla a uscire dalla relazione tossica con Constantin e la chiamerà a lavorare con lui nella gestione dell'accademia di ginnastica che ha aperto in Oklahoma. Nel 1996 i due si sposano a Bucarest in diretta televisiva, dove 10 mila persone li attendono nelle strade della capitale per festeggiarli. Nello stesso anno in cui Nadia si sposa, Nicu muore in carcere di una cirrosi fatale. Nadia e Bart avranno un figlio, Dylan Paul, che da ragazzino non farà un solo giorno di sport, a dispetto del fatto che i suoi genitori gestiscano l'accademia. Comăneci infatti, nel momento in cui lo sport ha smesso di significare per lei prigionia, è tornata fra gli attrezzi e le parallele come insegnante, accettando anche la carica di presidente onoraria del comitato olimpico del suo paese e di ambasciatrice dello sport.

Nadia non sarà mai del tutto lucida sul suo passato. Molte ex ginnaste hanno accusato Béla e Marta di violenze, affermando che il confine tra la disciplina e l'abuso era a volte inesistente. Lei invece non ha mai confermato questi attacchi: pur riconoscendo i metodi brutali dei due, ha dichiarato che la loro formazione l'ha anche temprata, insegnandole un metodo di lavoro efficace. "Nello sport la *fame* ti serve. Senza bisogno, non ti arrampichi. Se nasci ricco, tante cose sono garantite, ma non l'oro olimpico." Nemmeno la sua storia successiva le ha insegnato che il prezzo da pagare per questa formazione è non riuscire mai più a riconoscere la differenza tra l'essere amati e l'essere abusati.

Il tempo darà ragione alle sue ex colleghe della nazionale. Dopo la fuga in America, dove ottengono asilo politico, Béla e Marta arriveranno ad allenare la nazionale di ginnastica femminile degli Stati Uniti e le loro ragazze porteranno a casa sedici ori olimpici e trenta mondiali. Nel loro ranch a New Waverly, in Texas, con campo di ginnastica annesso, i Károlyi hanno allenato stormi di ragazzine che, per la modica cifra di 1250 dollari a settimana, più 40 di navetta-trasporto dall'aeroporto, hanno sognato di diventare Nadia. È in quel ranch che sono avvenuti molti degli abusi sessuali poi denunciati, perpetrati dall'ex medico della nazionale che lavorava con loro.

I Károlyi nel 2016 sono stati accusati di aver saputo e taciuto e, in seguito a quell'indagine, il loro ranch degli orrori ha chiuso i suoi cancelli il 25 gennaio 2018.

Nadia Comăneci resta la più giovane atleta di sempre ad aver vinto un titolo olimpico: nel 1997 la Federazione internazionale di ginnastica ha stabilito come età minima per partecipare a competizioni internazionali i sedici anni. Quando le chiedono se, potendo riavvolgere il nastro, c'è qualcosa della sua vita che cambierebbe, lei risponde: "No, tutto ciò che ho fatto mi ha portato dove sono, quindi non cambierei niente e non mi pento di niente. Nella vita è un continuo imparare, anche dalle situazioni e dalle decisioni sbagliate. Ma senza sacrificio non arriva nulla. Né la gloria né la libertà. Piangere non serve, serve non mollare la presa".

Francesca Sanna Sulis

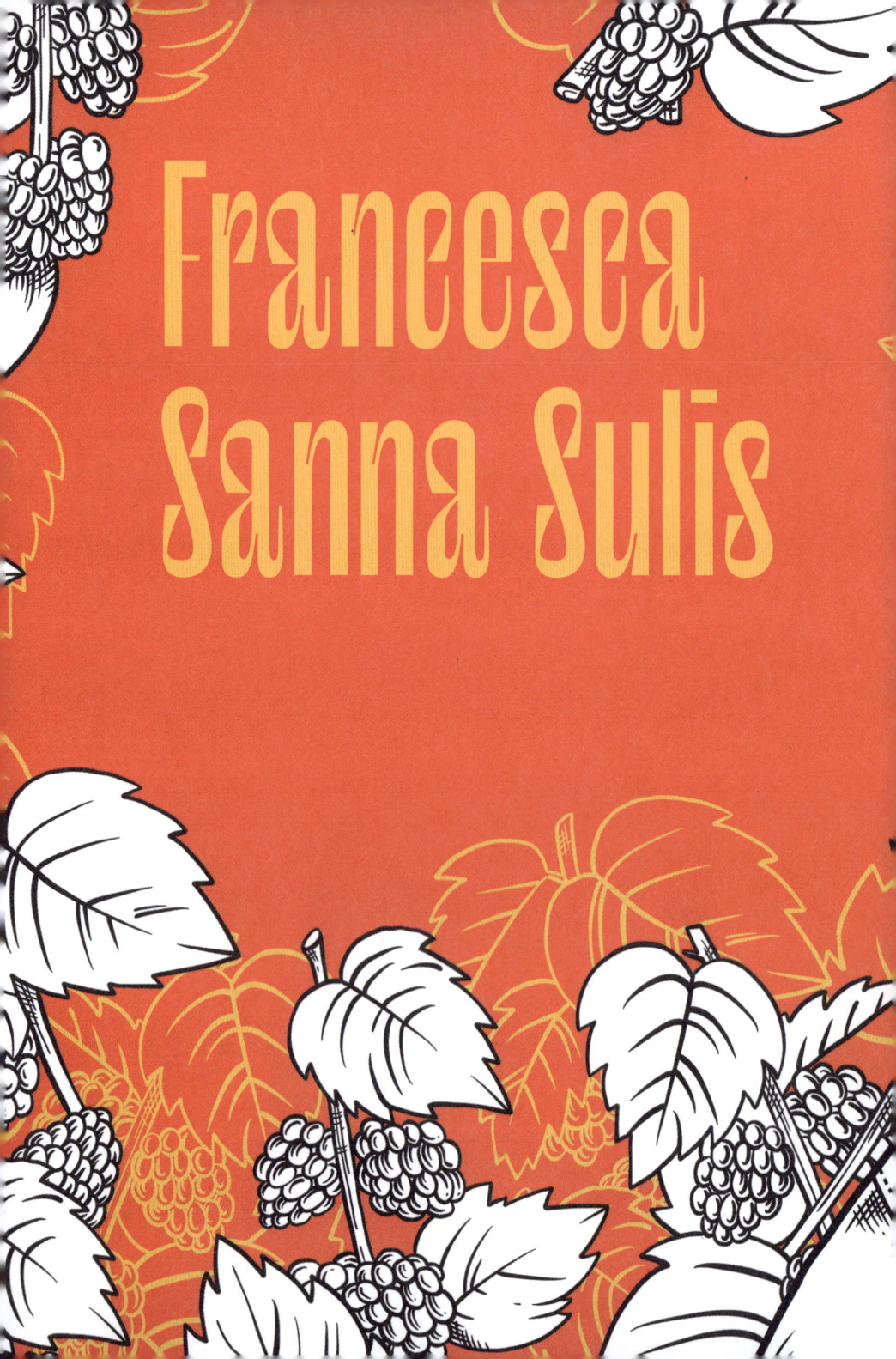

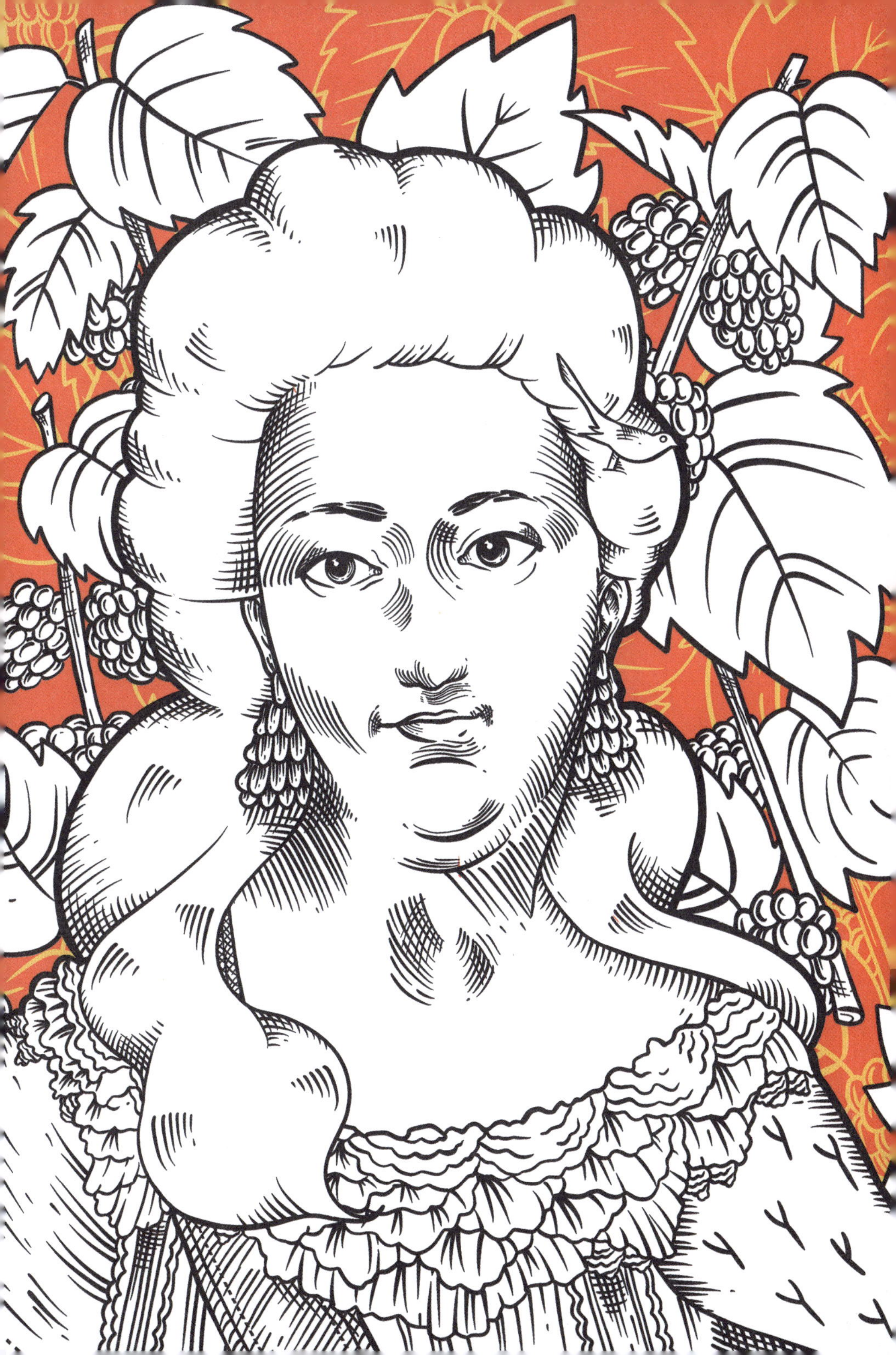

FRANCESCA SANNA SULIS

Fra tutti i miti greci, quello delle Moire è uno dei più suggestivi e inquietanti, perché nasce per provare a dipanare il mistero della vita umana, della sua felicità o del suo dolore, della sua durata e soprattutto della sua fine. Le Moire, che i latini chiamavano Parche, erano un mito piuttosto democratico: a differenza di altri esseri leggendari non si occupavano solo del destino degli eroi, ma di quello di tutta. Persino la poco memorabile esistenza di un oscuro pescatore delle Egadi veniva decisa dalle loro mani attraverso la funzione metaforica del più classico dei mestieri femminili: la filatura. Cloto, la minore di queste mitologiche sorelle, dipanava la matassa di ogni vita e ne faceva un filato sottile, Lachesi ne misurava la lunghezza e Atropo, la Moira fatale, decideva quando era il momento di tagliare.

Basterebbe questo mito a suggerire prudenza nel considerare la sartoria un mestiere innocuo, ma quando Francesca Sanna Sulis viene alla luce, i miti greci e le loro metafore rurali sono lontani e nell'Europa settecentesca nessuno crede più che il fato degli esseri viventi possa essere affidato alla delicatezza di un filo. A fare la storia è l'imperialismo con la forza distruttiva dei suoi cannoni, e in quel contesto muscolare, dominato da monarchie al maschile continuamente in guerra, era difficile immaginare che una donna potesse tornare a farsi Parca e decidere da sola il destino proprio e di molte altre persone attraverso un filo, meno che mai se quel filo era di seta, il più prezioso, ma il più delicato.

La Sardegna del Settecento è una nazione che non ha mai avuto la fortuna politica di diventare uno stato e questo la rende un territorio aperto a tutte le speculazioni. Nelle grandi spartizioni fra casate europee, la Francia terrà il controllo delle rocce sterili della Corsica, mentre l'isola maggiore del Mediterraneo verrà consegnata ai duchi di Savoia. Per i piemontesi è come vincere al lotto senza neanche aver mai giocato. Ricchissima di materie prime minerarie e agricole, la Sardegna fornirà per decenni tasse, manodopera a costo zero, legno, argento, zinco, carbone, bestiame, pietre dure e marmi pregiati per i palazzi torinesi della dinastia nascente, nonché tonnellate di derrate alimentari di prima qualità che andranno a impreziosire le tavole delle famiglie aristocratiche piemontesi, la maggior parte delle quali sull'isola non metterà mai nemmeno un piede. Erroneamente si crede che il governo savoiardo pre e post la nascita dello stato italiano non sia stato colonialista come lo furono altri stati-nazione europei: ma, come ricorderà Gramsci a più riprese nei suoi lucidissimi articoli sull'"Avanti!", è assai più vero che i Savoia non ne ebbero bisogno. Perché assumersi i costi e i rischi di andare in Africa o nelle Antille per razziare le materie prime e le tasse, quando potevano prenderle molto più comodamente dalla vicina Sardegna? La storia di Francesca nel 1716 comincia lì e non è priva di ambiguità; come tutti i sardi, anche lei nasce sotto il dominio piemontese, ma è e resterà per tutta la vita la figlia di una delle casate più collaborative con il potere colonialista savoiardo.

La sua famiglia è ricca nel solo modo in cui si può essere ricchi in un'economica rurale: è proprietaria di terre e di bestiame nel Sarrabus, una regione della Sardegna ad alta vocazione agricola su cui i Sulis vantano da trent'anni anche un piccolo titolo di cavalierato. Le terre di Muravera sono fertili e il padre, Don Francesco Sulis, è un ottimo amministratore, così Francesca – pur essendo esclusa dal passaggio ereditario dei terreni che toccheranno invece al maschio che il padre spera di avere presto – avrà una dote adatta al salto sociale che può offrirle un buon matrimonio, magari con un notabile di città, il gradino immediatamente superiore all'aristocrazia terriera. Non ci sono secoli facili per le donne nell'evoluzione di quella che chiamiamo storia d'Occidente e il Settecento non fa eccezione: per molti versi vivere nel cosiddetto secolo "dei lumi", foriero di cambiamenti per tante categorie sociali, costituiva per le donne una iattura identica a quella delle epoche precedenti. Prive di diritti in qualunque strato sociale nascessero, se erano ricche venivano comunque cresciute semi-incolte, con l'obiettivo di sposarsi a un uomo deciso dalla famiglia e sformarsi di gravidanze e servizi domestici senza la minima autonomia, spesso morendo giovani di malattia o di parto. Nel contesto generale della Sardegna di allora, marchiata da analfabetismo, malaria e povertà diffusa, solo le donne che nascevano in famiglie illuminate, oltre che abbienti, avevano qualche margine di espressione personale in più, ma la stragrande maggioranza di loro non veniva particolarmente incoraggiata a farne uso.

Francesca ha una fortuna che si presenta come una sventura: perde la madre prestissimo per una polmonite e questo fa sì che il padre nel suo dolore si affezioni a lei, figlia unica, in modo non comune. Sente che quella ragazzina gli somiglia e fa qualcosa di davvero inusuale per l'epoca: le insegna i segreti della vita di campagna e la instrada all'amministrazione dei possedimenti. A dispetto del rapporto felice con la ragazzina, era impossibile che un uomo giovane, senza eredi maschi e così ricco rimanesse vedovo a lungo, ma, nei tre tentativi di nozze successivi alla morte della madre di Francesca, il capofamiglia dei Sulis non avrà fortuna: nel corso della vita seppellirà altre tre mogli, che lasceranno però a Francesca la compagnia tardiva di due fratelli e una sorella, Lucia, a cui resterà legata tutta la vita.

Funestato dai lutti e stanco della vita di campagna, il quattro volte vedovo di Muravera trasferisce la sua piccola nidiata nel palazzo di famiglia della centralissima via Dritta di Cagliari, nel quartiere degli argentieri di Castello, il più nobile della città. Cagliari è bellissima e piena di colori, il sogno di qualunque ragazza cresciuta in campagna, soprattutto se altolocata, ma per Francesca quel trasferimento rappresenta più che altro uno shock culturale. Ha trascorso un'infanzia libera e felice nelle campagne, stringendo legami forti senza distinzione di rango sociale con i figli dei servitori e dei mezzadri, e la sua esuberanza e loquacità, che nelle strade sterrate di Muravera hanno potuto esprimersi senza particolari vincoli di galateo, a Cagliari sono un difetto di educazione. Dopo aver curato per tutta la vita i terreni per i figli, il padre capisce che è arrivato il momento di curare i figli per i terreni, investendo sulla loro formazione. L'alta società che governa la città usa codici molto più complessi e Francesca, che in campagna ha passato più tempo di tutti i suoi fratelli, verrà spesso ripresa dalle zie paterne perché i suoi modi disinvolti somigliano più a quelli di una contadina che di una signorinella borghese.

Le scuole pubbliche all'epoca non esistono ancora e le famiglie ricche hanno l'uso di assumere dei precettori per l'educazione degli eredi maschi. Alle bambine, date in cura a qualche ordine di suore, non si insegna molto altro che a leggere e far di conto, tutt'al più a suonare uno strumento per compiacere gli ospiti del salotto di casa che dovranno un giorno governare. Il padre di Francesca è però un uomo curioso e colto che vanta in casa una biblioteca con centinaia di volumi, e questo permette a Francesca di accedere a strumenti di autoformazione che si riveleranno fondamentali negli anni a venire. Il resto del tempo è dedicato al cucito e al ricamo, una pratica che può essere molto noiosa, ma che per lei è invece appassionante. Le piace da matti disegnare abiti e comincia a farlo per sé, per la sorella e poi per le amiche. Immagina modelli diversi da quelli imposti dalla moda settecentesca cagliaritana, colorata e sfarzosa, ma decisamente poco pratica, pensata per donne che non hanno nulla da fare tutto il giorno. In quel gioco di fantasie sartoriali scopre di avere un'insperata complice: è Antonia, la figlia dei loro servitori, coetanea e dotata di un talento naturale per il disegno, con il quale dà forma alle idee della vulcanica figlia di Don Francesco Sulis. Insieme a lei Francesca passerà l'adolescenza a fantasticare di poter realizzare abiti per tutte le donne, ma potrà sfogare la sua inventiva solo su quelle della cerchia familiare: nel Settecento è infatti impensabile che la figlia di un nobile faccia qualcosa di assimilabile a un lavoro fuori casa. Il mestiere delle donne è sposarsi e a diciotto anni la primogenita del signore di Muravera è considerata più che pronta per essere la moglie e la madre di un ottimo partito.

Se il padre si era dimostrato tollerante sulla possibilità di formazione e la creatività sartoriale della primogenita, non così si rivela riguardo al matrimonio: Francesca non potrà scegliersi il marito e dovrà rinunciare a trasformare in fidanzamento la simpatia giovanile che sente per Alberto Ferrelis, figlio di amici di famiglia, ma non abbastanza altolocato da aspirare alla sua mano. Alberto le resterà amico tutta la vita, mentre a lei presenteranno l'avvocato Pietro Sanna Lecca, un cagliaritano di cui in città si parla già come di una mente brillante, destinato a far carriera al servizio diretto della corona. Le presentazioni tra i due avvengono alla festa da ballo per i diciotto anni di Clara, amica di Francesca, e tutte le ragazze della loro cerchia, in modo più o meno dichiarato, indossano abiti disegnati da lei: sono meraviglie di seta pura in colori innovativi che ha scelto personalmente e sfoggiano tagli insoliti e temerari. Gli uomini non si accorgono di nulla, ma le donne non parlano d'altro. Francesca si limita a sorridere, splendente come una gemma nel suo straordinario vestito di seta azzurra. Lo ha disegnato con una cura particolare perché sa che è con quello che il futuro marito la vedrà per la prima volta. Non c'è da stupirsi che non si opponga in alcun modo al fatto che il parentado le stia decidendo la vita sentimentale. È una ragazza pragmatica ed è abituata sin da bambina a gestire le catastrofi, che siano la morte di una madre, un temporale che distrugge un raccolto o un matrimonio combinato. Non è una svenevole damina di corte e non è nei sentimenti che si sente ribelle: per lei il matrimonio è una questione tecnica e sociale e come tale sempre lo vivrà. Si affezionerà all'uomo scelto per lei e con intelligenza negli anni ne farà il suo complice migliore in decisioni che nemmeno il suo illuminato padre avrebbe approvato mai. Per farlo però dovrà prima pagargli il prezzo richiesto a tutte le mogli: si presterà al rischio fisico di sette gravidanze, di cui solo tre andranno a buon fine, dandole due figli maschi – Raffaele e Stanislao – e la minore, Maria Michela. I tre brilleranno ciascuno a modo suo, sebbene con risultati molto diversi da quelli auspicati dalla pirotecnica madre: contro il suo parere uno diverrà prete, la ragazza si farà monaca e il primogenito resterà un introverso solitario per tutta la sua non lunghissima vita, ma i consacrati diverranno rispettivamente abate e badessa dei conventi in cui si incardineranno e il maggiore sarà uomo di legge come il padre. Nel giorno in cui si sposa, Francesca non può immaginare che sopravviverà a quasi tutti quelli che nasceranno da lei.

L'evento delle nozze è però anche il momento in cui getta le basi affinché il sogno della bambina che è stata sbocci nel futuro della donna che vuole essere. Giocandosi la carta del capriccio della sposina – qualcosa tipo "oggi non potete proprio negarmelo" – Francesca mostrerà all'alta società cagliaritana il frutto di decine di pomeriggi passati a immaginare, cucire e confezionare abiti con sempre maggiore perizia. Ignorando le proposte dei sarti più in voga che fanno a gara per vestire sull'altare la figlia di Don Francesco Sulis, con la fidata Antonia si realizza da sola l'abito nuziale e disegna anche quelli della sorella e delle amiche, trasformando il suo matrimonio in una sfilata di talento sartoriale di cui a Cagliari si parlerà per mesi. È il 13 febbraio del 1735 e da quel momento Francesca comincia a coltivare sempre più seriamente l'idea che quella passione, creare vestiti bellissimi e comodi, possa un giorno diventare un mestiere. Non ha il tempo per ragionarci, però, perché la nuova condizione di donna sposata e la morte improvvisa del padre le assorbono di colpo ogni energia. È la maggiore degli orfani Sulis, l'unica che – rispetto ai fratelli ancora piccoli – ha avuto il tempo di ricevere una formazione completa alla gestione degli affari del padre. Mentre il marito fa carriera da giureconsulto in città, sarà quindi lei a gestire il patrimonio di famiglia nelle tenute delle campagne.

In quel compito non è però sola: le compagnie d'infanzia tra i figli dei servitori, nel frattempo divenute amicizie, si rivelano il più accorto degli investimenti e Francesca attraverso quelle relazioni compirà la prima delle rivoluzioni che segneranno la sua ascesa come imprenditrice. In pieno Settecento tratterà i dipendenti come dei pari, affidando loro responsabilità e ruoli di gestione impensabili per persone di bassa estrazione: Antonia, l'amica con cui disegna gli abiti, vive nella sua stessa casa insieme al marito Giuseppe, prima figlio del fattore e ora amministratore delle proprietà del Sarrabus. Il marito di Antonia sarà gli occhi di Francesca sulle terre paterne e l'antica servetta l'aiuterà a immaginare sulle colline quello che ancora non è stato piantato: gli alberi di gelso di cui si nutrono i bachi che fanno la seta, il vero obiettivo di Francesca. Entrambi gli amici sanno leggere e fare i conti, perché il padre di Francesca ha fornito ai figli dei suoi servi la stessa educazione che dava alla figlia maggiore. Lei non dimenticherà quella lezione di lungimiranza e anni dopo farà lo stesso, ma in quel momento, nel turbine degli obblighi di erede e di moglie, il desiderio di avviare l'attività che vagheggia deve attendere senza sfiorire.

L'occasione di realizzare il sogno dell'adolescenza si presenta insperatamente nel 1750, quando Francesca ha trentaquattro anni e ha finito di cullare i bambini e crescere i fratelli. Il marito, la cui carriera è stata fino a quel momento in costante ascesa, viene chiamato a fare l'ultimo salto: trasferirsi a Torino per servire il Regno di Sardegna direttamente alla corte dei Savoia. Per Francesca quella separazione sarà propizia, perché il marito, con un comportamento non certo usuale per il tempo, prima di partire affiderà a lei la completa amministrazione dei beni familiari, incoraggiandola a lavorare. Lei non ha bisogno di grandi incentivi. Sono anni che sogna di piantare i gelsi e allevare i bachi da seta, mettendo a frutto un'eredità di conoscenze e una tradizione che in Sardegna, grazie ai gesuiti tornati dalla Cina con i preziosi vermi nascosti nei loro bastoni da viaggio, è radicata sin dal Seicento. Il sogno di Francesca però non è fare semplicemente la produttrice e la commerciante di seta: con una preveggenza che nel secolo successivo darà vita a una delle idee portanti della rivoluzione industriale, già nel Settecento lei intuisce che la soluzione più proficua è impiantare in Sardegna l'intera filiera serica.

Le interessa un concetto economico che ancora non esiste, quello del valore aggiunto, che non è dato dalla semplice produzione di materia prima, per quanto possa essere nobile, ma dalla sua trasformazione in prodotto finito. Lei ha le terre di famiglia, e le brama con le piante, perché è lì che immagina possano crescere le larve delle farfalle. Dai preziosi bachi vuole il filo che producono, ma vuole anche le mani che lo filano, i telai che lo tessono trasformandolo in stoffa, le erbe che la tingono, le sarte che la confezionano e i compratori che ordinano pezze e vestiti. Francesca Sanna Sulis, che sintetizza in sé lo spirito delle tre Parche, vuole tutto e da quel momento si ingegna per ottenerlo.

Per una produzione industriale all'altezza di queste aspettative occorrono molte specie diverse di gelso e Francesca le fa impiantare dal marito di Antonia. Mentre la natura fa metà del lavoro, lei sfrutta la libertà che le viene dalla nuova condizione di amministratrice unica e prende possesso della casa materna di Quartucciu. Sarà uno stabilimento industriale, ma in quel momento nessuno tranne lei è in grado di immaginare come questo possa avvenire. Nonostante la Sardegna fosse una delle vie più riconosciute della seta, tanto che a Orgosolo esisteva una specifica razza di bachi che secerneva un filo già colorato di giallo, nemmeno un imprenditore aveva mai pensato di sviluppare sull'isola un business così ampio come quello che ha in mente lei. Grazie ad Antonia e alla sorella minore di Francesca, Lucia, la tenuta di famiglia verrà trasformata in un laboratorio di tessitura all'avanguardia, completando il secondo pezzo della preziosa filiera della seta.

Francesca sceglie le lavoranti una per una chiamandole dal Sarrabus e dal Campidano, le forma all'estrazione del delicatissimo filo e fa produrre un tessuto di seta di eccellente livello, che ha sul mercato un vantaggio senza paragoni. Il microclima caldo della Sardegna consente infatti la schiusa dei bozzoli con venti giorni di anticipo rispetto a ogni altra latitudine, soprattutto di quelle più a nord, e il risultato è che la seta di Francesca è pronta per il mercato dei compratori con quasi un mese di vantaggio sugli altri produttori. Alla qualità della materia prima si aggiunge la creatività stilistica dei vestiti che lei confeziona tenendo le sete migliori. I modelli firmati da Francesca, i colori che sceglie e le lavorazioni che si ingegna a far realizzare dalle artigiane locali sono talmente particolari che la sua fama varca in fretta i confini dell'isola e raggiunge le corti più esclusive, prima della penisola e poi d'Europa. Nel corso degli anni si moltiplicheranno per Cagliari gli atelier sartoriali dedicati alla confezione su misura e tutte le dame di buona famiglia avranno nel guardaroba almeno un vestito firmato da Donna Francesca. Il sobborgo cagliaritano di Quartucciu, dove persino i compratori francesi sono costretti a recarsi per scegliere personalmente le stoffe migliori, diventa in quegli anni un polo commerciale internazionale, al punto da meritarsi il soprannome – che visitandolo oggi suona un po' comico – di "piccola Parigi".

I compratori arrivati a scegliere le stoffe si trovano però davanti a qualcosa di altrettanto prezioso del tessuto serico: il modello di organizzazione produttiva di Sanna Sulis non ha confronti nel resto d'Europa. Ai ragazzi e alle ragazze che lavorano nei laboratori viene infatti insegnato a leggere, a scrivere, a contare, i rudimenti della botanica e tutto quello che c'è da sapere sull'allevamento dei bachi da seta, un sapere altamente tecnico che ne fa operaia specializzata, dal valore più alto del prodotto che lavorano. Nessuno nel Settecento aveva mai pensato di fornire quel livello di istruzione alla manovalanza, ma Francesca aveva imparato la lezione di suo padre e aveva capito che avere maestranze competenti in un lavoro delicato come quello rappresentava un investimento impagabile: diminuivano gli errori sul prodotto, sorgevano nuove idee nei processi e il risultato finale era di qualità nettamente superiore a quella dei concorrenti.

Nonostante la delicatezza della materia prima e il fatto che i suoi fossero tempi in cui non esistevano leggi a tutela dell'infanzia, Francesca non pensò mai di usare le agili mani dei bambini per dipanare le centinaia di metri di filo di seta che componevano ogni singolo bozzolo. Fece invece qualcosa di completamente contro-intuitivo per il suo tempo: per lasciare le madri completamente concentrate sulla produzione, affidò i bambini e le bambine alle suore e a giovani donne formate ai rudimenti della puericultura, perché insegnassero loro a leggere e scrivere mentre i genitori stavano ai telai e nei campi. Quell'embrione di scuola materna non si era mai visto prima nella Sardegna sfruttata e colonizzata, dove l'imprenditoria era composta prevalentemente da capitalisti stranieri che non tenevano in alcun conto le condizioni della popolazione sottomessa. Per molte donne la possibilità di uscire dalle mura domestiche significò molto di più che avere un lavoro: implicava l'opportunità di rinegoziare la posizione di dipendenza all'interno di famiglie dove i rapporti di potere economico già allora per le donne rappresentavano un pericolo.

La rivoluzione di Francesca nell'organizzazione del lavoro era però appena cominciata. Osservò che le donne che si spostavano dai paesi per venire a tessere e curare i bachi a Quartucciu finivano divise tra i doveri coniugali e il lavoro, che inevitabilmente ne risentiva. Le nubili smettevano di lavorare appena si fidanzavano e quelle che facevano più figlie non riuscivano a conciliare, come diremmo oggi, il lavoro familiare e il reddito fuori casa. Francesca capisce che con un lavoro così specializzato la soluzione è lo smart working: permette quindi alle donne di tessere a domicilio, addirittura arrivando a dare loro in dotazione un telaio domestico. Nella seconda metà del Settecento i laboratori Sanna Sulis danno lavoro a decine di famiglie, e a quell'impresa così complessa e innovativa bastano appena trent'anni per cambiare letteralmente l'economia del territorio su cui è insediata.

Se era impossibile per le donne ricche non bramare il prodotto di quella lavorazione certosina, negli anni diventa altrettanto impossibile per gli uomini non cercare di carpire i segreti di un processo industriale che fa profitti a sei zeri. Francesca sa difendersi e li custodirà sempre con cura, ma è anche scaltra e diplomatica: accetterà di collaborare alla pari con uomini d'affari interessati per niente alla moda, ma moltissimo ai guadagni che ne derivano. Sarà un milanese dedito al commercio di stoffe, il conte Giulini, a intuire che quella donna sarda volitiva e vulcanica potrebbe creargli dei problemi di concorrenza, e con intelligenza, invece che averla nemica sul mercato, le proporrà una collaborazione che aprirà a Francesca le porte della moda milanese, dove nascerà un atelier che vestirà con i suoi modelli le dame più ricche della corte meneghina. L'avvocato Pietro Sanna non solo non è scandalizzato da questo sviluppo della vita di Francesca, ma supporta la moglie in ognuno dei delicati passaggi degli accordi commerciali, durante i quali nessuno comunque si sarebbe sognato di tentare di buggerare la consorte di uno dei più stimati giureconsulti del re.

La politica fa parte della vita di Francesca tanto quanto l'economia, e se i due ambiti sono difficilmente distinguibili oggi, lo erano ancora meno allora. È la moglie di uno dei componenti più importanti del consiglio reale, è una proprietaria terriera, una nobile e un'imprenditrice: praticamente un fenomeno degno di studio per l'aristocrazia torinese, che per la prima volta in trent'anni di onorato servizio chiede a Don Pietro Sanna Lecca di estendere alla consorte un invito a corte per una festa in onore dell'imperatrice Caterina la Grande. Francesca, a quel punto quasi sessantenne, si mette in viaggio con un ampio corredo di stoffe e abiti e in due settimane raggiunge Pietro a corte, dove il suo carattere aperto e il linguaggio un po' sfrontato ne fanno subito un'attrazione sociale. In quel delicato passaggio incontrerà anche Giovanni Battista Bogino, il temutissimo ministro delle Finanze del Regno, che per la Sardegna si era inventato le forche portatili per punire chi non pagava le tasse e per questo era odiato al punto che il suo cognome aveva assunto per metonimia il significato sbrigativo di boia, che rimane anche oggi. La sarda e il torinese non si piaceranno per nulla, ma Francesca è donna di mondo e la sua unica preoccupazione sarà tutelare il marito e gli affari: l'ultima cosa che le serve è un nemico potente. Non si rivedranno mai più.

Gli anni della vecchiaia, benché funestati dalla morte del marito, dell'amico Giulini e dei due figli maschi, si rivelano per Francesca un'ulteriore occasione di sviluppo della sua visione innovativa, un'occasione molto più pericolosa e politica, direttamente connessa alla sua personale idea dell'autonomia. Per tutta la vita ha cercato di emancipare le persone che lavoravano nei suoi stabilimenti, obbedendo alla leggenda cinese per cui all'uomo povero non si dà il pesce, ma si insegna a pescare. Quel concetto è direttamente connesso per lei alla libertà, una strana pietanza che non sazia, ma affama. Più ne hai, più ne vorresti, e più ne hai data, più ti accorgi di quando altri te la negano. La casa della potente vedova Sulis in quella coda di secolo diventa il luogo in cui la borghesia colta cagliaritana si incontra per parlare dei difficili rapporti con la monarchia piemontese, dello sfruttamento del popolo sardo e della necessità di riforme strutturali che possano permettere alla Sardegna di svilupparsi secondo modelli propri. Sui tappeti del salotto Sanna Sulis riverbera attutito il suono degli stivali di Giovanni Maria Angioy, Gerolamo Pitzolo, Vincenzo Cabras, Bernardo Pintor e di altri uomini di valore che prima che finisca il secolo dei lumi saranno ricordati come rivoluzionari. I piemontesi guardano con sospetto a quel movimento di malumori, ma dai loro palazzi costruiti depredando l'isola sarda non immaginano che nella casa della vecchia commerciante di sete si preparino i secondi moti rivoluzionari antimonarchici d'Europa, di poco successivi a quelli francesi.

Sarà una rivoluzione breve ed elegantissima. È il 1793 e i sardi, guidati da Pitzolo e vestiti con abiti da miliziani disegnati da Donna Francesca, prima respingono un tentativo francese di impossessarsi dell'isola e poi, illusoriamente convinti che questo gesto induca Vittorio Amedeo III a concedere loro maggiore autonomia di governo, si trovano invece a fare i conti con una stretta di tassazione e un'ulteriore irriconoscente riduzione di poteri. Indignati per questa ingratitudine – come se ci si potesse aspettare da un colonizzatore l'abbandono spontaneo della sua colonia – il 28 aprile 1793 un pugno di rivoluzionaria solleva il popolo stavolta contro i piemontesi, assalta il palazzo del viceré e costringe tutta la corte minore a fuggire per mare, per mettersi in salvo. La giornata, ricordata come *sa die de s'aciapa*, il giorno della cacciata, è oggi ufficialmente la festa nazionale sarda, durante la quale tutte le attività si fermano e le rievocazioni storiche trasformano Cagliari in un covo di cospiratori ben vestiti. Francesca, che morirà a novantaquattro anni lasciando la maggior parte dei suoi beni alla Chiesa e ai poveri, farà appena in tempo a veder nascere il pur breve Governo autonomo sardo e quella sarà, grazie anche ai mezzi con cui l'aveva sostenuta, l'ultima delle sue rivoluzioni.

C'è un quadro molto famoso di Caterina di Russia, ritratta in una posa ieratica e potente che ben si confaceva al soprannome di Caterina la Grande con cui sarà ricordata nella storia. In quel dipinto l'imperatrice di Russia indossa un abito di seta colorata disegnato da Francesca Sanna Sulis, la donna che dalla periferia di una colonia monarchica fu capace di liberare sé stessa dal ruolo imposto, di dare libertà alle persone a cui aveva insegnato un mestiere e fornito istruzione e persino di contribuire a dare un pezzo di libertà in più alla sua terra. Della sua eredità non resta quasi nulla, perché quello che una donna aveva fatto da sola in quasi un secolo agli uomini bastarono pochi anni per disperderlo. Rimane di lei un racconto esile come un filo sottile e nascosto, ma a una brava tessitrice non serve altro.

J.K. Rowling

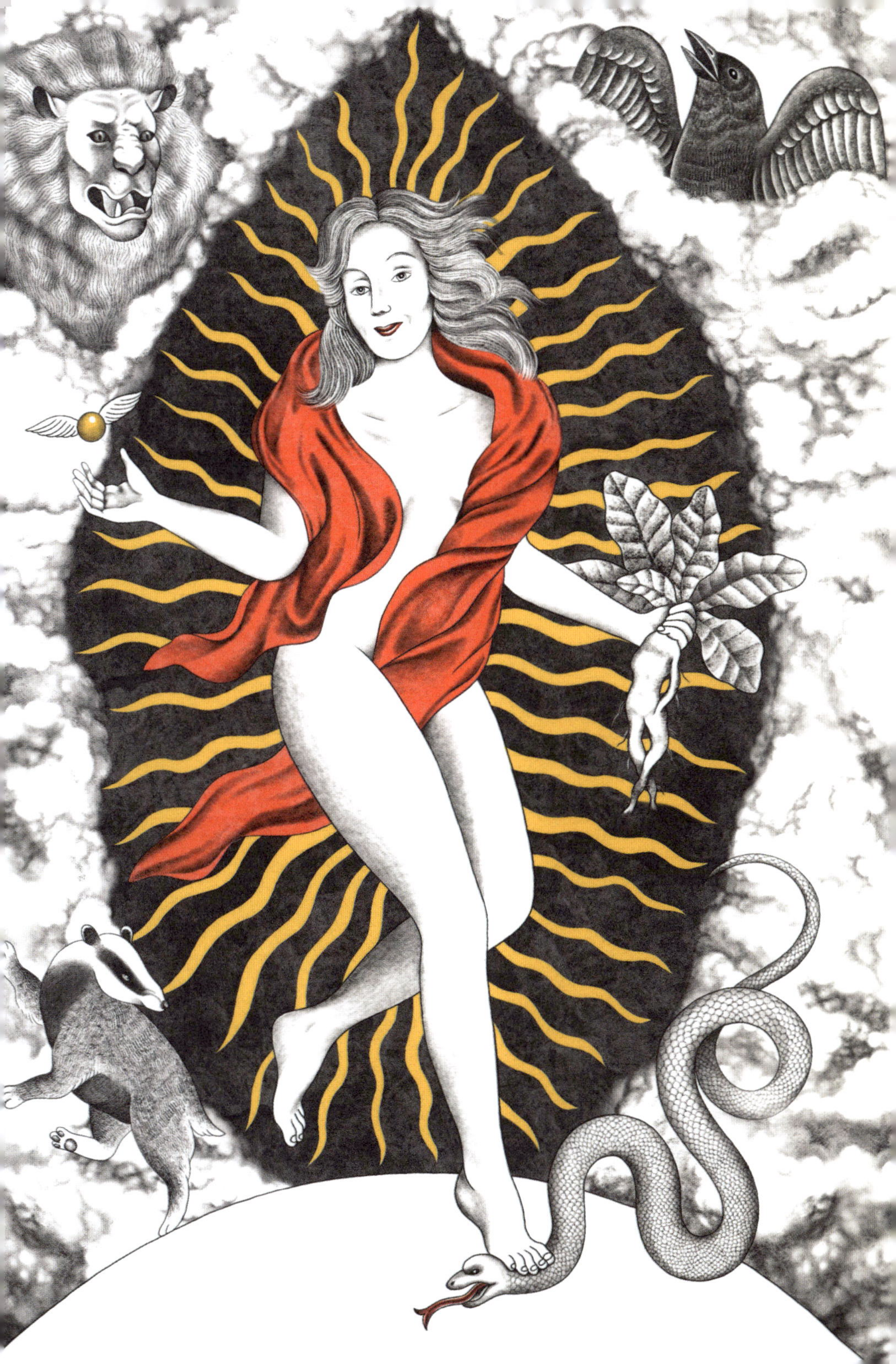

J.K. ROWLING

C'è una grossa differenza tra chi scrive libri e chi crea interi mondi. Chiunque sia dotato di un minimo di talento e della storia giusta può scrivere un romanzo e affidarlo alle stampe sperando che faccia più strada possibile; è da questo tipo di produzione che è prevalentemente composta l'offerta del mercato editoriale. C'è però un altro tipo di autore e di autrice, più raro, che fa qualcosa di assai più complesso: non si limita a scrivere una storia, per quanto bella possa essere, ma crea una cornice molto più ampia e complessa dentro la quale, oltre alle proprie, potranno trovare senso anche le storie che altrə in futuro vorranno scrivere. A questa ridottissima tribù appartengono senza dubbio penne come J.R.R. Tolkien, Ursula K. Le Guin, George R.R. Martin, Margaret Atwood e Isaac Asimov, ma quando a metà degli anni Novanta non sembrava più possibile inventare un mondo che non fosse stato ancora raccontato, una ragazza inglese ha lanciato nell'immaginario collettivo una bomba di dimensioni tali da influenzare tutte le generazioni a venire. La saga di Harry Potter, che ha venduto 500 milioni di copie nel mondo e ha permesso alla sua autrice di essere la prima persona a diventare miliardaria grazie a un libro, nasce perché Rowling a un certo punto della sua vita ha dovuto aspettare un treno in ritardo. Non sarà la prima volta che i treni nella sua biografia si riveleranno fondamentali. Se i suoi genitori non avessero deciso di prenderne uno per andare in Scozia, partendo lo stesso giorno e alla stessa ora dalla stazione londinese di King's Cross, non si sarebbero incontrati e lei non sarebbe mai nata. Anne e Peter, questi i loro nomi, hanno entrambi diciotto anni quando incappano l'uno nell'altra, s'innamorano in mezzo allo sferragliare di rotaie come nei film e si sposano.

Il 31 luglio 1965, un anno dopo il loro incontro, nasce Joanne in una scenografia che, senza volerlo, era già potteriana: un villaggetto di cinquemila anime nel Gloucestershire. È una famiglia proletaria: Peter lavora come apprendista motorista alla Rolls-Royce e Anne fa la casalinga, occupandosi di Joanne e poi della sua sorellina Dianne, che arriverà un paio d'anni dopo. Alla madre però nel tempo libero piace leggere, e questo farà sì che Joanne cresca in mezzo alle storie, imparando prima ad amarle e poi a raccontarle. La prima la scrive a sei anni e ha per protagonista un coniglietto superstar malatissimo di morbillo, che si chiama, senza troppo sforzo di fantasia, Coniglio.

L'animaletto ha una migliore amica, un'ape che per coerenza chiama "signora Ape". La madre si complimenta sempre per la grazia di quelle storie infantili, ma lo fa come farebbe qualunque genitore davanti a ogni cosa prodotta precocemente da un figlio; in quella famiglia nessuno crede che l'immaginazione di Joanne possa diventare qualcosa di diverso da un gioco infantile. Joanne invece aveva le idee chiare già allora. Ammetterà di aver pensato: "Se il mio racconto è davvero buono, perché non lo fai pubblicare?". Conosce i suoi genitori e quella domanda non la farà mai. "Dai tempi di Coniglio e signora Ape ho sempre voluto diventare una scrittrice, sebbene non l'avessi praticamente confessato a nessuno. Avevo paura che mi dicessero che non avevo speranze."

Cresce memorizzando gli scenari potenti tra il Gloucestershire e il Galles dove si giocano i traslochi della sua famiglia, fatti di molto verde e cattedrali diroccate con i soffitti a volta, piene di guglie, torri merlate e passaggi segreti. Ogni esperienza che vive in quegli anni verrà assunta, masticata e metabolizzata, compresi i vicini di casa, con i cui figli fa amicizia.

A Winterbourne, a quattro porte di distanza dalla sua, vivono infatti i fratelli Potter, che lei invidia principalmente per il cognome, che le suona morbido e divertente, mentre il suo viene continuamente storpiato in "rolling pin", mattarello, con una crudeltà di cui solo i ragazzini non devono assumersi la responsabilità. I Potter e sua sorella Dianne saranno il primo pubblico di Joanne. È a loro che legge le sue storie di diamanti maledetti e faccende magiche, e in lei già fermenta il mondo che popolerà pescando dai caratteri e dalle fattezze di chi le sta intorno. Anni dopo confesserà che è stato il preside delle sue scuole elementari a ispirarle il personaggio di Albus Silente. Anche Severus Piton ha una matrice reale, che nella vita di Joanne è stata però una donna, la professoressa Morgan di Tutshill, un paesino nel Galles con tanto di castello abbarbicato su una scogliera. Racconterà: "La mia insegnante, la signora Morgan, mi spaventava a morte: posizionava tuttə nella classe a seconda di quanto intelligenti pensava che fossero; quellə brillanti sedevano alla sua sinistra e tuttə quellə che riteneva fossero ottusə sedevano sulla destra. Io ero quanto più a destra fosse possibile stare senza andare a finire nel cortile. Mi schiaffò zero in matematica. Ma alla fine dell'anno ero stata promossa alla seconda fila sulla sinistra".

Joanne lavora molto per farsi spazio. È una che si sfianca sui libri, tanto che si ricorda così: "Ero tranquilla, lentigginosa, miope e una schiappa negli sport. La mia materia preferita in assoluto era l'inglese, ma mi piacevano anche le lingue straniere. Raccontavo ai miei amici, tranquilli e studiosi come me, delle lunghe storie a puntate durante il pranzo. Di solito ci vedevano tuttə compiere azioni eroiche e audaci in cui non ci saremmo certo lanciatə nella vita reale: eravamo troppo secchionə". È difficile oggi immaginare in

Rowling questa ragazzina nerd in costante ansia da prestazione, una Hermione senza coraggio, pazza dei libri di C.S. Lewis e Jane Austen, eppure è proprio in quegli anni di banale normalità che emergerà lo scenario di relazioni del mondo di Harry Potter, che non è fatto di supereroi dalle capacità straordinarie, ma di adolescenti semplici, a tratti banali, la cui vera magia è lo stare insieme.

All'Università di Exeter, nel Devon, Joanne studia letteratura francese e filologia, ascolta gli Smiths e legge Tolkien e Dickens. In quel percorso di diligenza c'è un solo guizzo di ribellione, quello dell'aspetto fisico, sul quale Joanne investe tutto il suo estro alternativo. Si specializza in look alla Siouxsie Sioux, la cantante del gruppo Siouxsie and the Banshees, con grandi giochi di kajal, capelli nerissimi super punk, molta pelle e un profluvio di colori fluo. È anche il periodo della vita in cui comincia a viaggiare. Trascorre un anno a Parigi, dove insegna inglese, poi a Londra, dove lavora per Amnesty International, e infine a Manchester, dove per mantenersi fa anche la segretaria alla Camera di Commercio. È un lavoro noioso e alienante, che tuttavia si rivelerà ispiratore: sarà il ricordo dell'asfissiante burocrazia degli uffici britannici a permetterle di raccontare la rigidità mentale con cui è gestito in Harry Potter il Ministero della magia. Non è difficile immaginare la fatica che può aver fatto quella ragazza sognante, intrisa di letteratura romantica e di fantasy, a muoversi in un mondo in cui la fantasia non contava niente, ma come sempre capita quando un fiume incontra degli argini molto stretti, più è arido il contesto circostante più il livello dell'acqua interiore di Joanne si innalza. Sarà proprio nella stazione di Manchester che, nel 1990, aspetterà per quattro ore quel famoso treno che poi prenderà. Nell'attesa noiosa del treno in ritardo che la deve riportare a Londra, le viene l'idea di raccontare un ragazzino un po' disgraziato e un po' predestinato, che grazie alla magia svolta la sua vita sofferta. "Nella mia mente Harry era un piccolo orfano alla ricerca della sua identità e allievo di una scuola di maghi. Capii immediatamente che scrivere questa storia sarebbe stato un vero piacere. Quella sera rientrando a casa ho fatto l'elenco di tutti i romanzi che avrei scritto: dovevano essere sette. Mi ci sono voluti cinque anni per organizzare tutto il materiale e definire l'intreccio di ogni libro. Ho scritto una storia quasi completa di tutti i miei personaggi. Se ci mettessi tutti i particolari, ognuno dei miei libri avrebbe le dimensioni dell'Enciclopedia Britannica." Per ognuno di loro Joanne crea infatti un albero genealogico, traccia nel dettaglio le inclinazioni caratteriali ed elenca persino le allergie alimentari. Un lavoro ossessivo e monumentale, che però non verrà mai letto dalla persona a cui Joanne deve il suo amore per i libri: sua madre. Nello stesso 1990 in cui lei inizia a scrivere la saga di Harry Potter, Anne muore a quarantacinque anni per la degenerazione della sclerosi multipla. È un dolore immenso per Joanne, che decide di lasciare la città e riparare in qualche posto dove un sole più forte intorno a lei possa contribuire a diradare le ombre del suo lutto. Sceglie il Portogallo rispondendo a un'offerta di lavoro sul "Guardian", e trova impiego come insegnante di inglese a Oporto. Nella città portoghese, insieme al nuovo lavoro, arriva anche quello che sarà il suo primo marito. In un bar Joanne conosce infatti il giornalista televisivo Jorge Arantes e sembrano da subito la coppia perfetta, lei vestita come Siouxsie Sioux e lui che assomiglia a un giovane Joe Strummer. Quella sera parlano solo di Jane Austen e lei, incredula di aver trovato un uomo con i suoi stessi gusti letterari, si convince che il colpo di fulmine in amore, fortuna già capitata ai suoi genitori, possa forse essere un destino di famiglia. La speranza si rivelerà illusoria, ma prima la porterà purtroppo fino all'altare, felice di sposare quell'uomo in apparenza così promettente. A ventisette anni Joanne Rowling è sua moglie e a ventotto diventa la madre di Jessica, chiamata così in onore di una delle sorelle Mitford, la "pecora rossa" della famiglia, quella che abbandona blasoni e forchette d'argento per combattere nella guerra civile spagnola con i partigiani.

Jane Austen però si rivela un collante troppo debole per tenere in piedi quel matrimonio, che perde quasi subito l'aura di incontro col destino per rivelarsi violentemente per quello che davvero è: un rapporto abusante e tossico. Per capire quanto debba essere stata difficile quella convivenza per Joanne sono sufficienti le dichiarazioni rilasciate recentemente da Jorge, nelle quali anche a distanza di anni si assolve serafico: "Ho preso a schiaffi Joanne, ma non si è trattato di abusi sistematici. Non sono dispiaciuto, non c'è stata violenza domestica e neanche violenza sessuale. Non ci sono stati abusi prolungati".

Su quale sia stato il peso di questo matrimonio nella vita di Joanne varrà la pena tornarci, a partire dal fatto che a un certo punto lei trova il coraggio di chiudere la relazione, portandosi via la figlia e provando a ricominciare da capo a Edimburgo, dove vive anche sua sorella, con la speranza che l'ex marito non la cerchi. Inizia il periodo più nero della sua vita. Il conservatore John Major, l'allora Primo ministro inglese, in cerca di consensi nella classe media per la rielezione, decide che gli aiuti alle madri single sono un costo che il Regno Unito non si può più permettere di sostenere. A causa dei suoi tagli al welfare, Joanne si troverà a sopravvivere con il sussidio di disoccupazione dimezzato in un appartamento piccolissimo nel quartiere a luci rosse di Edimburgo. Chiunque sia stata disperata per motivi economici sa cosa significa svegliarsi con addosso solo la voglia di piangere e il terrore che possa non passare mai, proprio come se un Dissennatore ti avesse succhiato via ogni felicità. Joanne è in quelle condizioni quando, come uno zombi, ripete i gesti quotidiani che possono ancora darle un po' di speranza: studia per l'abilitazione all'insegnamento, si occupa di Jessica (anche se dirà: "Era una sorpresa ogni mattina vederla ancora viva") e soprattutto chiede un'ordinanza restrittiva contro il marito, che la segue anche tra le nebbie scozzesi. Sono gli anni in cui s'insinua in lei perfino l'idea del suicidio e gli unici momenti in cui sta bene sono quando si parcheggia all'Elephant, il pub del cognato, per stare un po' al caldo rispetto al piccolo appartamento che non può permettersi di riscaldare. Tra l'odore di birra e fumo che aleggia tra quei tavoli, mentre Jessica dorme nel passeggino, lei guarda fuori dalle vetrine la George Heriot's School, un istituto piuttosto gotico e bellissimo, perfetto per ambientarci le lezioni di stregoneria che sta immaginando. È lì che finisce il primo volume della storia del suo mago. "Depressione e povertà sono state le molle del mio successo" dirà molti anni dopo.

Il successo però, come tutto nella sua vita, si farà pregare per arrivare. Mentre sta ancora battendo a macchina le ultime pagine di *Harry Potter e la pietra filosofale*, Joanne sfoglia l'elenco telefonico alla ricerca di un agente letterario, ma il primo tentativo va male e il manoscritto le viene restituito. Il secondo agente, Christopher Little – da lei scelto per il cognome che le sembrava così carino –, accetta di rappresentarla, ma senza grande entusiasmo. Anche lui avrebbe scartato la sua proposta, se non fosse stato per una sua collaboratrice, Bryony Evens, che trova quel mondo – un po' inquietante e molto magico – assolutamente irresistibile. Christopher si assume il rischio, ma fa presente a Rowling che l'impresa di vendere un libro come quello che ha scritto sarà difficoltosa a partire dalla lunghezza: quella giusta di un libro per ragazzi è di 40 mila parole, non di 80 mila.

I primi responsi delle case editrici sembrano dar ragione al suo pessimismo: su undici case editrici a cui il libro viene inviato, la percentuale di rifiuti è del cento per cento. Sembra non ci sia niente da fare, ma finalmente arriva la svolta: il presidente della Bloomsbury di Londra ha fatto leggere i primi cinque capitoli a sua figlia Alice, che è impazzita, e a lui questo basta per accettare la pubblicazione di quel libro così apparentemente improbabile. È quasi ironico pensare che, in un mondo di uomini potenti che non riconoscono di essere seduti su una miniera d'oro, l'idea geniale di Joanne verrà salvata solo grazie all'intuito di una donna e di una bambina di cinque anni. L'ironia diventa però amara se si considera che la casa editrice pone a Joanne una condizione: pubblicherà il libro solo se travestirà il suo nome per renderlo senza sesso, cioè pregiudizialmente maschile. Le viene infatti detto che "le scrittrici allontanano i giovani lettori maschi, che sono diffidenti nell'acquistare un romanzo di una donna". Joanne opta per tenersi la J, ma le aggiunge anche una K, non solo perché era l'iniziale del nome della nonna, ma perché quelle due lettere la avvicinano idealmente anche a J.R.R. Tolkien. Nonostante l'accorgimento, l'editore continua a crederci poco, e la prima tiratura del libro è talmente bassa che Little consiglia a Joanne, che sta per diventare più ricca della regina Elisabetta, di continuare a cercarsi un lavoro vero, se vuole dare da mangiare a sua figlia. Come siano andate poi le cose lo sappiamo tuttə. *Harry Potter* finisce in copertina sul "Time" e J.K. vince più di una volta il titolo di "Autore dell'anno" dalla Booksellers Association del Regno Unito, perché – così dirà la motivazione – "è riuscita a superare la barriera che impedisce a un'opera per ragazzi di raggiungere un riconoscimento pari a quello tributato agli autori per adulti". Riceve anche due lauree honoris causa "per aver contribuito, con i suoi libri, a fare del mondo un posto migliore". Nel 2001 la regina Elisabetta le conferisce la massima onorificenza di ufficiale dell'Ordine dell'Impero Britannico "per servizi resi alla letteratura", ma quell'anno Joanne partecipa a un'altra cerimonia che la vede protagonista: il suo matrimonio con Neil Murray, un medico scozzese che in effetti assomiglia a un Harry Potter con qualche anno in più e qualche capello in meno. Insieme avranno due figliə e ci piace pensare che con quella madre siano andatə a letto ogni sera ascoltando le migliori storie della buonanotte del mondo. Nel 2011 Rowling viene inserita da "Forbes" nella classifica delle donne più ricche del Regno Unito. I sette volumi di *Harry Potter*, pubblicati dal 1997 al 2007, sono stati tradotti in un'ottantina di lingue (latino e greco antico compresi), vendendo oltre 500 milioni di copie nel mondo, primato assoluto per una saga. È stato calcolato che il settimo e ultimo capitolo della serie, *Harry Potter e i Doni della Morte* (il libro più venduto nella storia dell'editoria), abbia venduto 20 copie al secondo in Gran Bretagna solo nelle prime 24 ore, mentre i film e il merchandising hanno creato un brand che vale 25 miliardi di dollari. "Ho più soldi di quanto avrei mai sognato, io che ho convissuto per molto tempo con la preoccupazione per il denaro, come se fosse una persona che abitava con me" dice ora J.K. Il ricordo di quella povertà, pare, la rende parca anche adesso che potrebbe permettersi tutto. Racconta che la cosa più preziosa da lei posseduta è una rarissima prima edizione di un romanzo di Jane Austen (insiste, nonostante tutto) e che una volta ha acquistato un paio di orecchini costosi, sentendosi talmente in colpa da fare immediatamente una donazione in beneficenza per la cifra equivalente. "Hai una responsabilità morale quando ti è stato dato più di quanto ti occorra per vivere: devi farci cose sagge e donare in modo intelligente." Per questo ha creato un fondo fiduciario che gestisce le sue donazioni, che ammontano a svariati milioni di sterline. Le cause che segue personalmente sono molte e spesso legate alle sue esperienze passate. È presidente del National Council for One Parent Families, un'associazione che si occupa dei genitori single a capo di una famiglia, e aiuta la ricerca scientifica nella lotta contro la sclerosi multipla, malattia di cui è morta sua madre.

Il cammino fatto da Joanne Rowling, tra una peripezia e un riconoscimento, è arrivato all'oggi, e se queste pagine volessero solo raccontare la sua parabola verso il successo e la ricchezza – magari con l'intento pedagogico di additarla come modello di riuscita artistica e imprenditoriale – sarebbe opportuno che il racconto si fermasse qui, perché non c'è molto altro da aggiungere a una storia che incarna in modo quasi didascalico la struttura del viaggio dell'eroe, anche se in questo caso abbiamo un'eroina. Ci sarebbe anzi da chiedersi cosa abbia di Morgana questa signora perbene, dalla vita molto sventurata ma dal riscatto assai più glorioso, che ha regalato ai bambini e alle bambine di tutto il mondo il sogno meraviglioso di poter essere creature magiche. Il punto è che c'è un pezzo importante della personalità di Joanne che negli ultimi anni, in modo via via più evidente, ha aggiunto molte ombre all'abbagliante luce pubblica che prima splendeva indisturbata sulla vita della scrittrice più venduta del mondo. Per capire queste ombre va premesso che quella di Harry Potter non è una saga qualunque: è un'opera con una morale positiva che veicola molti messaggi inclusivi. Dai mezzosangue scartati dai maghi puri – chiara metafora del razzismo – fino alla dichiarata omosessualità di Albus Silente, la saga di Harry Potter è un'epica di emarginati che si prendono la rivincita sui forti dominanti. Non è quindi strano che chi da quelle storie ha tratto coraggio per orientare le proprie scelte di vita abbia poi finito per estendere anche a Rowling il ruolo di figura ispiratrice. Il rapporto tra artista e pubblico, quando prende questa forma, ha sempre una dinamica tossica e non solo perché inchioda a una coerenza che alla lunga nessuna può sostenere. La differenza tra un'opera artistica e chi l'ha creata dovrebbe infatti restare sempre netta perché, quando non accade, può finire che le storie stronchino la vita di chi le ha scritte o che, inversamente, siano esse a pagare il pegno dell'incoerenza di chi le ha raccontate.

Quanto sia alto quel prezzo Rowling lo ha scoperto sia in campo pubblico che privato, perché quando hai un esercito di follower sui social network e 500 milioni di lettori sparsi in ogni nazione, a un certo punto non è più percepibile la differenza tra quello che fai e quello che sei. Joanne del resto ha sempre usato consapevolmente l'influenza e il potere economico che le derivavano dai libri per sostenere cause o prendere una posizione politica, come quando si dichiarò contraria al referendum per l'indipendenza della Scozia dal Regno Unito (finanziando copiosamente la propaganda per il Remain) o a quello per la Brexit. Fino al 2018 il movimento di questa influenza era però sempre stato dall'alto verso il basso: era lei a influenzare i suoi fan, in un gioco di riconoscimento amoroso reciproco che sarebbe probabilmente andato avanti all'infinito. A un certo punto però Joanne rompe l'idillio e si lascia sfuggire un like sotto a un tweet controverso, gesto prima ritrattato tramite agenzia, poi riproposto e infine ribadito con una presa di posizione che di casuale e incauto non aveva a quel punto più nulla. Cosa diceva il tweet a cui Rowling ha mostrato gradimento? Che le donne trans sono "uomini con la gonna". Con questa affermazione lapidaria, che entra a gamba tesa nella battaglia mondiale contro la discriminazione delle persone trans, Joanne scatena tra i fan una reazione dapprima incredula, poi confusa e infine ostile. Diverse uscite successive dello stesso tenore hanno cambiato l'immagine pubblica di Joanne al punto che dall'essere percepita come femminista, attivista per la comunità LGBT e paladina del pensiero liberal, oggi è per milioni di persone solo una TERF e moltə fan hanno abbandonato non solo le sue pagine social, ma anche le librerie dove le sue storie, con sempre meno impatto di pubblico, continuano a uscire anche dopo la conclusione della felice saga di Harry Potter.

Proviamo a riannodare i fili e cominciamo dall'inizio: TERF è l'acronimo di Trans-Exclusionary Radical Feminist, cioè quella corrente del femminismo che ritiene che le donne trans non possano essere considerate donne. Dopo il like al tweet incriminato, per ribadire che quella è effettivamente anche la sua posizione, Rowling metterà sul suo profilo un collegamento a un negozio online che vende spillette e tazze con scritte come: "Le donne trans sono uomini". Nel 2019 – dopo aver cancellato l'account per le polemiche suscitate e averlo poi riaperto mesi dopo – sosterrà pubblicamente Maya Forstater, la ricercatrice britannica che è stata licenziata dopo aver affermato che "il sesso biologico è un dato oggettivo e le donne transessuali non sono vere donne". Nel 2020, esponendo nuovamente la sua posizione in modo polemico, Rowling commenta sotto a una campagna includente di una ditta produttrice di assorbenti, che si rivolgeva anche a persone trans e non-binary, con le seguenti parole: "'Persone che hanno il ciclo.' Sono sicura che ci fosse una parola per descrivere queste persone. Qualcuno mi aiuti…", poi storpia un po' di volte il sostantivo *woman*, e suggerisce: "Opinione: Creare un mondo post-COVID-19 più equo per le persone che hanno il ciclo". Le reazioni a questa posizione (e a questi toni) sono molto forti, probabilmente perché nei suoi confronti erano forti anche le aspettative opposte. Gli insulti sono violentissimi e di stampo eminentemente sessista, come spesso capita quando a suscitare dissenso sono le donne. I più gentili le danno della "strega", altri preferiscono "cagna", mentre i fan inferociti di Harry Potter usano contro di lei i suoi stessi personaggi, dicendo che è come Voldemort. Persino gli attori che hanno trasformato in carne i suoi personaggi prendono le distanze. Emma Watson (Hermione della saga cinematografica), che della lotta femminista è una testimonial pluriennale, dichiarerà: "Le persone trans sono chi dicono di essere e meritano di vivere la propria vita senza essere costantemente interrogate o informate di non essere chi dicono di essere".

A giugno del 2020 Rowling è costretta a far qualcosa di più di un tweet provocatorio per spiegare la sua posizione. Pubblica sul suo sito ufficiale un saggio con molti inserti personali, dove racconta di aver subito una violenza sessuale a vent'anni e per la prima volta parla anche degli abusi domestici commessi dall'ex marito. "Non ho mai parlato prima non perché mi vergogno delle cose che mi sono successe, ma perché sono traumatiche da ricordare" scrive. "Le cicatrici lasciate dalla violenza e dalle aggressioni sessuali non scompaiono, non importa quanto tu sia amatə e non importa quanti soldi hai fatto. Il mio stare all'erta perenne è diventato una barzelletta in famiglia, ma prego che le mie figlie non abbiano mai le stesse ragioni per odiare i rumori forti e improvvisi o il terrore di trovarsi persone alle spalle che non hanno sentito arrivare. Non lo dico per attirare le vostre simpatie, ma per solidarietà con l'enorme numero di donne che hanno storie come la mia e sono state accusate di essere delle bigotte perché difendono il diritto delle donne di avere spazi per sole donne." Rowling fa riferimento alla proposta della ridiscussione del Gender Recognition Act. La legislazione inglese (così come quella italiana) permette alle persone trans di cambiare il sesso sui documenti solo a fronte di una diagnosi di disforia di genere, che deve essere certificata da espertǝ. Per ottenere questa certificazione è stato necessario per anni sottoporsi a un'impattante somministrazione ormonale e a un traumatico percorso chirurgico che prevedeva l'espianto degli organi riproduttivi e, nel caso degli uomini in corpo di donna, anche del seno. Oggi è sufficiente che ci siano dei medici che, dentro un percorso attento alla vita di chi chiede il riconoscimento legale della transizione, attestino che la persona vive il genere di arrivo in modo palese e irreversibile. La proposta inglese consisteva nel de-medicalizzare ulteriormente la condizione transessuale, rendendo possibile l'autocertificazione di genere in modo che chiunque possa decidere chi è senza alcun atto medico, diagnosi o sentenza.

La posizione trans-escludente, che è quella di Rowling, considera questa proposta pericolosa per le donne biologiche. Il perché lo spiega lei stessa nel saggio: "Significa in effetti che tutto ciò di cui un uomo ha bisogno per 'diventare una donna' è dire che lo è. Voglio che le donne trans siano al sicuro. Allo stesso tempo, non voglio rendere le ragazze e le donne nate femmine meno sicure. Quando apri le porte dei bagni e degli spogliatoi a qualsiasi uomo che si sente una donna, apri la porta a tutti gli uomini che desiderano entrare". Per avvalorare la sua posizione, Rowling fa riferimento ai casi estremi di chi, condannato per abusi sessuali, ha poi dichiarato con secondi fini di sentirsi donna, ottenendo la possibilità di scontare la pena in carceri femminili dove ha finito per abusare delle compagne di cella. Per quanto disgustoso appaia l'episodio, nessun ragionamento sulle regole può mettere al centro solo la minoranza che vuole infrangerle, altrimenti dovremmo chiudere le biblioteche solo perché ci sono persone che vi accedono con l'intenzione di non restituire i libri, o dovremmo impedire la costruzione di autostrade perché c'è qualcuno che di certo le imboccherà contromano, spezzando delle vite. Il vulnus logico nel saggio di Rowling è costituito da una premessa che inficia tutto il discorso: per molte donne che condividono un passato traumatico, l'incontro col maschile violento resta la lente attraverso cui leggere anche la complessità di tutto il resto. Per queste donne è molto difficile credere che le persone trans esistano davvero, cioè che ci siano donne che nascono sessuate maschili e uomini che crescono sperimentando l'assurda condizione di star occupando il corpo di una donna. Per Rowling le donne transessuali sono semplicemente uomini travestiti, cioè appunto "maschi con la gonna", potenzialmente tutti violenti e pericolosi per ogni donna nata tale. Per meglio ribadire il concetto dell'intenzione violenta che si anniderebbe sempre sotto mentite spoglie, Joanne inserisce l'associazione travestito/persona pericolosa anche nel romanzo *Sangue inquieto* – l'ultimo capitolo della saga edita con lo pseudonimo Robert Galbraith – dove l'antagonista serial killer si traveste da donna per avvicinare le sue vittime.

È così che la scrittrice più nota, ricca e ammirata del mondo è diventata in pochi mesi e per ragioni puramente ideologiche la più detestata e insultata. Si può essere d'accordo o meno con le posizioni di Rowling – noi che scriviamo non lo siamo per nulla –, ma è stupefacente e inquietante osservare come anche nel suo caso abbia funzionato il meccanismo sociale della delegittimazione personale. Anziché articolare il disaccordo, da J.K. Rowling si sono pretesi conformità e silenzio. Puoi essere potente, forte e anche ricca, ma per fartelo perdonare devi restare un'icona comoda e strumentale. Nel momento in cui quello che sei e che possiedi viene usato per sostenere posizioni disturbanti, il tuo diritto a essere una persona di successo viene meno al punto da renderti bersaglio per l'odio senza freni di chiunque, e – se sei una donna – quell'odio assume sempre connotazioni sessiste.

Eppure nell'opera di Rowling ci sono ispirazioni di segno diametralmente opposto a quello espresso nelle sue affermazioni, e non a caso ruotano tutte attorno al concetto liberatorio dell'autodefinizione. Dare e darsi un nome è l'atto di magia più potente. La parola magica per eccellenza è quell'Abracadabra – di radice probabilmente aramaica – che significa "Io creo mentre parlo". Peccato sia proprio quello che Rowling vorrebbe impedire alle donne trans di fare. In tutta la saga di Harry Potter non avere un nome pronunciabile è il marcatore del male e non a caso Voldemort, il *vilain* per eccellenza, è presentato sempre come "colui che non può essere nominato", sia per non evocarlo, sia perché avere un silenzio al posto di un nome significa non poter pienamente esistere. Solo chi può essere nominatə diventa riconoscibile e dunque può essere riconosciutə, rendendo possibile l'incontro con l'altro. Questo messaggio, che è già entrato nell'immaginario dei bambini e delle bambine delle ultime tre generazioni, è infinitamente più potente di qualunque tweet della stessa Rowling e, come spesso accade alle vere magie, trasforma la natura delle cose e vince su ogni pretesa di rendere immutabile la realtà esistente. L'unica cosa che sopravviverà a questi anni incorogniti da odio, shitstorm e mancato ascolto sarà la forza dei nomi che ci siamo datə insieme per poterci riconoscere a vicenda. Quando lo capiremo, forse J.K. Rowling sarà ricordata come una delle voci che attraverso le storie lo hanno ribadito meglio.

Helena Rubinstein

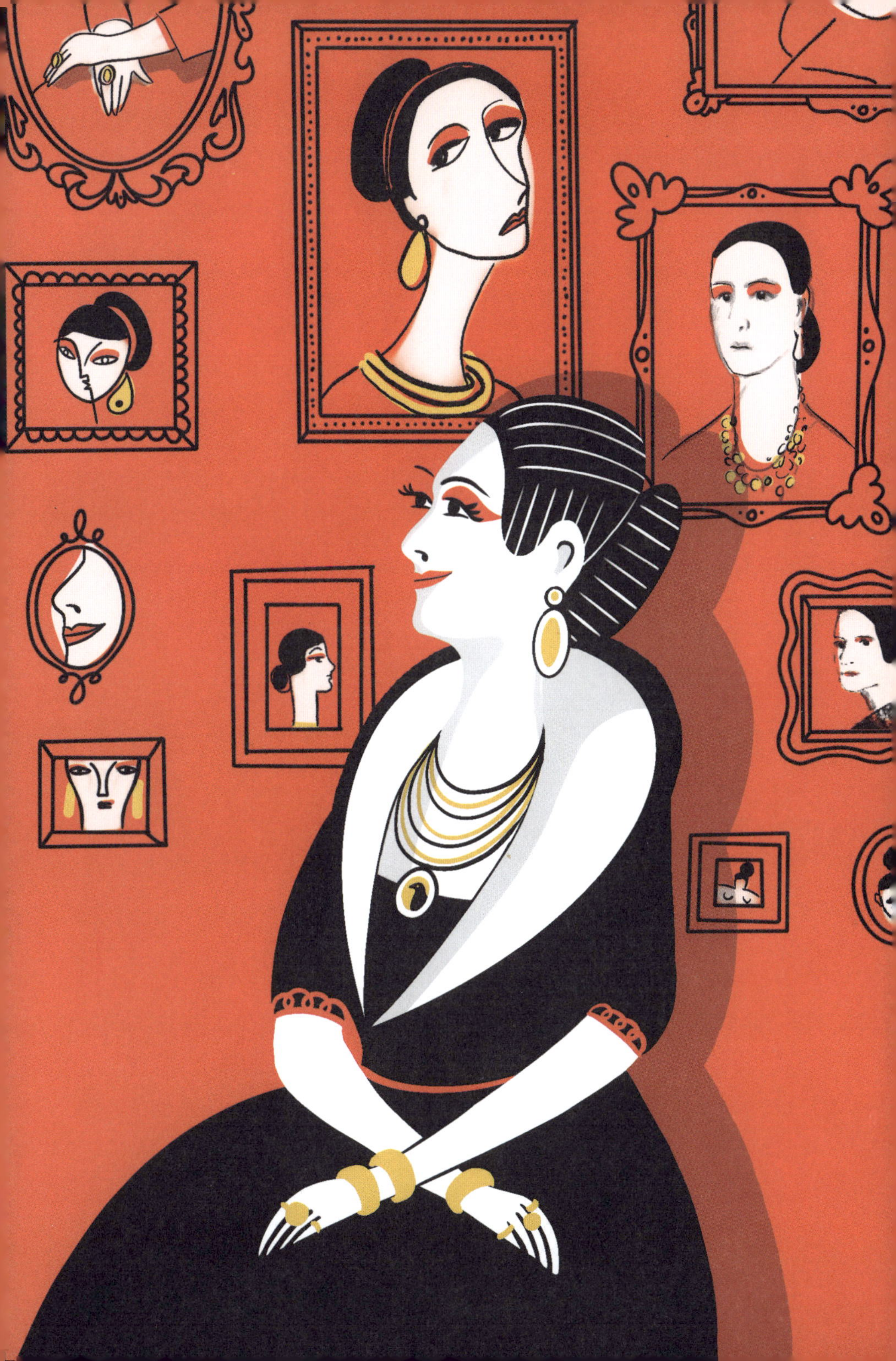

HELENA RUBINSTEIN

La bellezza è una delle declinazioni del potere più schiaccianti, perché viaggia trascinandosi appresso il peso non lieve del suo opposto. È difficile dire cosa sia bello senza sottintendere implicitamente anche cosa non lo sia, ma quando si parla di esseri umani questo gioco è spesso doloroso, perché la bellezza dei corpi nasce sui binari della casualità, dunque dell'ingiustizia.

A differenza di altri marcatori di potere come il denaro, la bellezza o la possiedi o non sarà mai tua. Il povero può diventare ricco, ma una persona brutta non potrà mai comprarsi la misteriosa combinazione genetica dell'armonia estetica. Potrà forse ingegnarsi a fingerla, e in effetti lo spazio simbolico tra il bello e il brutto è diventato nei secoli uno dei luoghi più frequentati dell'inganno reciproco, e la forma principale dell'inganno – che la meno democratica chirurgia non ha mai soppiantato – è stata il trucco.

Come esercizio di mistificazione, l'arte di fingere una

bellezza che non si possiede è così risalente che vanta persino una sua archeologia. Lo si può verificare nel Museo Egizio di Torino, dove riposano le mummie di una coppia di sposi del XV secolo a.C. Non si trattava di un faraone e di una regina, ma nemmeno di gente qualunque: Kha, il marito, era un architetto di piramidi e, oltre alla tomba del suo signore, ha costruito anche la propria. Quando è stato il momento, lui e la moglie Merit (che vuol dire "amata") non si sono dati certo pena di viaggiare leggeri: nel corredo di morte c'erano ben 460 oggetti, senza i quali evidentemente ritenevano di non poter accedere con gloria al regno di Osiride.

Il beauty case di Merit conteneva il meglio della make-up art dell'antichità: vasetti di alabastro con oli e unguenti per rendere morbida la pelle e lucidi i capelli, scatoline di onice con composti di erbe profumate e soprattutto un piccolo contenitore a forma di palma che serviva per il khol, il trucco per gli occhi ottenuto dalla polvere di galena o di malachite che veniva utilizzato dalle donne e dagli uomini egizi per dare allo sguardo la celebre forma allungata del dio Horus.

Nei loro geroglifici compaiono persino delle composizioni poetiche dedicate a questo primitivo eyeliner: "Il tuo occhio con il khol diventa più grande, il tuo occhio contiene più amore, nel tuo occhio mi perdo come in un cielo incantato". Sembra un'ode religiosa, e non a caso: il rapporto fra trucco e dimensione spirituale è stretto e rivelatorio; anche per questo bellezza e bruttezza non vanno ridotte a categorie di semplice ordine estetico. Il rapporto fra gli esseri umani e il loro aspetto fisico non è infatti leggibile in termini cosmetici, casomai cosmologici. La radice greca del verbo *kosmeo* (abbellisco, metto in ordine) è la stessa di *kosmos*, parola che designa la realtà sottratta al *kaos* e richiama il concetto filosofico di ordine, inteso come corrispondenza del mondo a un disegno sensato, dove bellezza e armonia sono sinonimi a indicare la meravigliosa consapevolezza che tutto si trovi esattamente dove è giusto che sia.

Da quando il processo di identificazione tra bellezza e armonia si è compiuto nella cultura occidentale, ogni persona insoddisfatta del proprio aspetto fisico, in modo particolare se è donna, ha affermato almeno una volta nella vita di andare dal parrucchiere o dall'estetista solo perché voleva "sentirsi in ordine". All'interno di questa pluralità di significati per far sentire brutta una persona non occorre passare in rassegna i singoli particolari del suo aspetto fisico: basta far percepire come scomposto l'intero insieme, almeno rispetto alla cornice predefinita (ma per fortuna mutevole) che insistiamo a chiamare canone. Solo una persona superficiale penserebbe che questa dinamica riguardi l'esteriorità e Helena Rubinstein, la donna che ha gettato le fondamenta della cosmesi moderna, era tutto fuorché superficiale. Quando per prima ha classificato la pelle per tipologia (normale, secca, grassa), quando ha fondato il primo istituto di bellezza, quando ha inventato il mascara in tubo waterproof, il trattamento effetto lifting e la maschera agli ormoni, questa signora polacca divenuta cosmopolita ha sempre saputo di far leva su qualcosa di profondo e misterioso, a riprova che le sue contemporanee non erano per nulla diverse dalle antiche egizie che volevano riprodurre nel proprio occhio il riflesso abissale di quello di Horus.

La bellezza è potere, e chi sa prometterla è la persona più potente di tutte.

Non sappiamo se in casa sua circolasse copia dell'*Idiota* di Dostoevskij, ma a ventiquattro anni Helena Rubinstein – che allora si chiamava ancora Chaja – era già convinta, come il principe Myškin, che la bellezza avrebbe salvato il mondo. Se non proprio tutto, perlomeno il suo. Il 1896 era l'anno di svolta: sarebbe partita per l'Australia e, cambiandosi il nome in Helena, avrebbe compiuto un rituale simbolico col quale sperava di cambiarsi anche il destino. Era senza un soldo e in valigia non aveva molto, ma del necessario non le mancava nulla: avvolti nei vestiti, aveva infilato anche dodici vasetti di crema che dovevano servire a uso personale, ma che avrebbero invece gettato le basi del primo impero della cosmesi contemporanea.

Salire su una nave e cambiare continente non era facile per nessuno alla fine dell'Ottocento, meno che mai per una donna sola, specialmente se partiva da condizioni di svantaggio come il ghetto ebraico di Cracovia, una famiglia tradizionalista che aveva cercato in ogni modo di farle sposare un uomo di cui non era innamorata e una tribù di sette sorelle molto più ligie di lei alle aspettative familiari. I genitori erano droghieri, ma la madre di Chaja coltivava una passione che avrebbe trasmesso alla figlia senza immaginare che sarebbe stata la sua unica eredità. La signora Gitel Rubinstein si dilettava infatti nella preparazione di creme di bellezza per nutrire la pelle delle donne di famiglia. Gli inverni polacchi sono inclementi e serviva più che mai uno schermo contro il freddo che spaccava il viso. La madre di Chaja prendeva quell'hobby molto seriamente e si faceva aiutare da un amico di famiglia, il chimico ungherese Jacob Lykusky, con il quale mischiava olio di mandorle, linfa di abete dei Carpazi ed erbe varie fino a dar vita ai composti che poi si spalmava in faccia.

Di quel piccolo mondo Chaja ricorderà "molte bambine, molti shabbat, molte preghiere e molte sottomissioni". Il percorso della sua sottomissione però non va per il verso giusto. Quando viene mandata in Svizzera a studiare medicina, Chaja sta male, in ospedale si sente soffocare, chiede di tornare a casa, e i genitori, esercitando quell'amore ricattatorio che da secoli tiene in piedi le famiglie, acconsentono solo a patto che si sposi: se non vuol fare il medico, che almeno faccia la moglie.

Chaja accetta, nell'incauta convinzione di poter rifiutare lo sposo scelto per lei (un vedovo assai ricco di trentacinque anni), ma quando si presenta ai suoi genitori con un compagno di università, scopre quanto è duro il muro delle resistenze familiari. In una serata terribile, in cui avranno risuonato urla domestiche

che possiamo immaginare, la maggiore delle otto figlie dei droghieri Rubinstein capisce che sotto il tetto della casa paterna non sarà mai libera di diventare se stessa, qualunque cosa significhi. Rinuncia a sposarsi come via di fuga, indossa tacchi vertiginosi per compensare il suo metro e 47 e accetta un'alternativa che nelle intenzioni dei suoi vorrebbe essere punitiva: sale a bordo della nave tedesca *Prinz Regent Luitpold* in partenza per l'Australia, fingendo di avviarsi a un destino da esiliata.

Dalla Polonia, il quinto continente appare esotico come può esserlo il pianeta Marte, e lei sente di doverci arrivare alle sue condizioni: oltre a cambiarsi il nome, nei documenti si scalerà anche tre anni. Difficile capire il perché di queste decisioni, in fondo ad attenderla oltremare c'è solo Louis Silberfeld, uno zio poco disposto ad accoglierla, con una fattoria a Coleraine, nel distretto occidentale dello stato di Victoria, a 350 chilometri da Melbourne, tra pecore e oblio. Helena però ha un presentimento diverso per il suo futuro. Le pecore potrà sopportarle e anzi le saranno persino utili, ma l'idea dell'oblio proprio non le va giù.

Venuta dal freddo Est europeo dove l'estate dura poche settimane e il resto dell'anno è immerso nella luce crepuscolare, Helena spicca tra le donne cresciute sotto il violento sole australiano come farebbe un giglio tra i garofani. Parla poco l'inglese, dunque frequenta una piccola scuola di Coleraine per migliorare. Quando si presenta a lezione, l'insegnante è stupito da questa ragazza "altezzosa e difficile" che candidamente gli domanda "cosa significa *bugger*? Mio zio mi chiama così". Scoperto l'arcano, la "bastarda" mette da parte lo sconcerto e prepara la sua vendetta mentre dà una mano nell'emporio dello zio.

Ma le clienti, più che alle merci, sono interessate alla pelle d'alabastro di Helena e agli abiti europei ed eccentrici che indossa, così tra chili di patate e sacchi di farina, lei si ritrova soprattutto a dispensare consigli su come ottenere una pelle morbida o come attenuare imperfezioni e macchie. Ascoltando quelle donne inizia prestissimo a intuire il rapporto tra la pelle, il sole e le rughe, e la sua raccomandazione più frequente è quella di proteggersi dai raggi roventi con cappelli a larghe falde o piccoli parasole di mussolina. Tra un pacco di caffè e uno di sale, si svuoteranno pian piano anche i suoi vasetti di crema, e Helena, che certo non può tornare in Polonia a rifornirsene, ne crea una tutta da sé, mischiando gli ingredienti che trova sul posto.

Con lo zio litiga presto e furiosamente, abbandona fattoria e negozio cercandosi un altro lavoro e, soprattutto, un altro luogo in cui immaginare la sua nuova vita: la città di Melbourne.

Trova lavoro come governante e cameriera alla sala da tè Winter Garden, il raduno degli artisti che qui innaffiano con molto vino le idee e le speranze per i grandi progetti che hanno impigliati tra i cappelli. Ed è proprio grazie alla conoscenza e alla fiducia di un'attrice e una cantante che frequentano il caffè – entusiaste di finanziarle la ricerca e le spese per avviare una piccola attività – che Helena apre il suo primo salone.

Sia il negozio sia la crema di punta si chiameranno "Valaze", un nome facile da pronunciare che le porta fortuna: i suoi prodotti incontreranno da subito un successo commerciale straordinario (anche perché ogni vasetto da lei preparato nella piccola cucina del negozio le costa dieci pence, e viene rivenduto a sei scellini).

Le è complice un contesto che in Polonia non avrebbe mai trovato. Le donne australiane lavorano in proprio e hanno autonomia economica: fanno le cassiere, le centraliniste, le segretarie e le bariste, e anche se guadagnano meno della metà dei loro colleghi, sono comunque indipendenti. Saranno le primissime al mondo a ottenere il diritto di voto, nel 1902, laddove in Europa l'ultimo paese a riconoscere diritti politici alle donne è la Svizzera nel 1971. Per le australiane prendersi cura del proprio corpo è una parte di quello stesso processo di emancipazione, perché l'inganno della bellezza, un tempo appannaggio costoso di faraoni e regine, è diventato un diritto che laggiù tutte si possono permettere.

Helena, intuendo la potenza dello storytelling molto prima che questo termine diventi di moda, mette a punto una crema fatta a suo dire con una mitica sostanza proveniente direttamente dai Carpazi. In realtà il suo impiastro contiene principalmente lanolina – ricavata dal grasso e dalla cera di lana prodotta dai 75 milioni di pecore allevate nelle campagne di Coleraine – il cui odore non certo piacevole viene camuffato con profumo di lavanda, corteccia di pino, sesamo e ninfee.

Vuoi la suggestione, vuoi che magari l'unguento funziona veramente, fatto sta che è da quella piccola boutique monomarca che Helena inizia la conquista del mercato mondiale della cosmesi.

In quel suo regno australiano in miniatura – un boudoir setoso, opulento e modernissimo – dà ordini, impartisce direttive alle clienti e prescrive posologie: dalle ore di sonno necessarie per avere un aspetto riposato a come massaggiare il viso per mantenere la pelle elastica, da come far agire in profondità le creme a come proteggersi dai raggi dell'onnipresente sole australe. Bastano quattro anni per cambiarle la vita. In quel tempo imprenditorialmente brevissimo trasferisce infatti il suo salone in una via centrale di Melbourne, apre un negozio a Sydney e prepara una strategia per conquistare tutta l'Australia. Ad aiutarla si presentano tre delle sue sorelle, ben felici di fuggire da Cracovia per inseguire un'indipendenza economica impossibile anche solo da immaginare, in patria.

Il continente è enorme, ma il servizio postale arriva dappertutto e Helena ha l'intuizione di vendere i suoi prodotti per corrispondenza. Oltre a pubblicare annunci sui giornali, è forse la prima al mondo a comprendere il potere delle influencer e quindi regala i suoi prodotti ad attrici e cantanti famose in cambio di pubblicità gratuita. La stampa australiana comincia a parlare di lei in termini lusinghieri: sull'inserto femminile del "Sydney

Morning Herald", una giornalista scrive: "La crema di Madame Rubinstein è una risposta alle preghiere delle donne australiane". Tra una preghiera e l'altra, Helena si affida poco al cielo e moltissimo alle sue mani. Lavora una media di diciotto ore al giorno, sette giorni su sette, ma soprattutto studia, perché capisce che è la scienza, non la fede o la magia, la migliore alleata della bellezza delle donne. I risultati le daranno ragione e quando a farlo saranno anche i bilanci si sentirà pronta per il rientro in Europa, stavolta con molto più di dodici vasetti in valigia.

Non torna in Polonia. Nel 1908 apre invece il suo primo salone a Londra, dove marcia a passo di carica per conquistare i favori dell'alta società. La bellezza ha valore per tutte le donne, ma nessuna più di una donna ricca è disposta a pagare qualsiasi cifra. Il suo passato senza gloria è ignoto nel Regno Unito e su quella tela bianca Helena può dipingere ciò che vuole. A volte si presenta come principessa russa, altre volte come contessa austriaca, ma le inglesi si bevono qualsiasi cosa pur di accedere ai suoi segreti di bellezza. Helena le accontenta, dando loro tutto ciò che desiderano e anche quello che ancora non sanno di poter desiderare: dai laboratori Rubinstein escono prima la crema da giorno, poi la crema da notte, un tonico astringente e altri stimolanti dai nomi esotici come *Eau d'or* e *Eau verte*, e infine il brevetto per la prima maschera contro l'acne, la rivoluzionaria "pommade noire". Studia la tecnica del peeling, collabora con medici e luminari e si rivolge a una chirurga plastica eccezionale, Suzanne Noël, che pionieristicamente rivendica nel percorso di autodeterminazione della donna anche la possibilità di ricorrere a interventi estetici capaci di restituire la giovinezza perduta.

Insieme a lei studierà la composizione di prodotti sempre più innovativi, che condurranno a fatturati da capogiro. Quel successo straordinario attira attenzioni non sempre benevole. C'è chi la definisce un'arrampicatrice sociale, chi una millantatrice preoccupata solo di arricchirsi sfruttando le insicurezze delle donne, ma Helena non si cura di queste voci. Se le si volesse rendere giustizia, le si dovrebbe riconoscere il titolo di rivoluzionaria del costume, perché è lei la prima a far uscire il trucco dai teatri e dalle case chiuse dove era confinato. Sino a quel momento, infatti, solo le attrici o le prostitute si truccavano, e a chi la accusa di inquinare i costumi delle donne perbene risponde con un sorriso: "Se non l'avessi fatto io, altre lo avrebbero fatto".

Helena, veloce come una locomotiva negli affari, anche in amore non perde tempo: lo stesso anno del suo arrivo nel Regno Unito sposa il giornalista statunitense di origine polacca Edward William Titus. Sarà lui ad aiutarla a ideare l'immagine del suo marchio e a scrivere i testi pubblicitari dei suoi prodotti, dando inizio alla prima campagna di marketing dell'impero della moglie.

La coppia avrà due figli, Roy Valentine Titus nel 1909 e Horace Titus nel 1912, ma Helena non ha la vocazione dell'angelo del focolare. Ha appena cominciato a conquistarsi il mondo e dopo Londra vuole Berlino, dove collaborerà con il chirurgo che ha inventato il lifting facciale, e poi Parigi, dove apre un salone di bellezza in Faubourg Saint-Honoré mentre il marito fonda una piccola casa editrice a Montparnasse. Non è un gesto borghese: con i suoi soci pubblica testi scandalosi come *L'amante di Lady Chatterley* e le memorie più che chiacchierate di Alice Prin, la famigerata Kiki de Montparnasse. A Parigi la bellezza non va spiegata a nessunə: ha le radici direttamente collegate alle corti reali di Versailles. È dai tempi delle favorite dei re che le parigine la considerano un modo per accrescere il loro potere sociale, e Helena per affermarsi in Francia fa leva su questo. In capo a pochi mesi, da Colette alla contessa Greffulhe – ispiratrice del personaggio proustiano della duchessa di Guermantes –, tutta l'aristocrazia della Ville Lumière vuole il suo fard e la cipria colorata per opacizzare il viso. È nella città della rivoluzione che la make-up art di Helena dismetterà per sempre la maschera della frivolezza per diventare ufficialmente un business.

Non c'è solo l'esigente aristocrazia parigina a imporle standard professionali altissimi. Nel 1923, a dispetto di un catalogo con oltre ottanta prodotti, Helena non è ancora egemone nel mercato della cosmesi. A fare magie con polveri, unguenti e artifici c'è anche un'altra donna, Elizabeth Arden, sacerdotessa canadese del beauty, che in quanto a marketing sfoggia la sua stessa spregiudicata creatività. Nessunə dimentica che nel 1912 è stata la signora Arden a far sfilare un esercito di suffragette biancovestite con le labbra scarlatte grazie al suo rossetto. È sempre lei a inventare il "beauty total look", con labbra, gote e unghie coordinate nella stessa nuance, per assomigliare alle dive del cinema. Sarà ancora lei, durante la Seconda guerra mondiale, a mettere in commercio un rossetto studiato per coordinarsi alle uniformi delle donne arruolate. Come era già accaduto per un'altra Morgana, Elsa Schiaparelli – che ha combattuto tutta la vita a colpi di rosa shocking contro il minimalismo di Coco Chanel –, anche Helena ha la sua nemesi. La guerra tra lei e quella che definisce "l'altra donna" durerà cinquant'anni. S'incontreranno ai balli e alle cene di beneficenza, ma si ignoreranno con una costanza progettuale. "We never met", "Non ci siamo mai incontrate" dirà Helena con un gesto secco della mano ogni volta che le chiederanno cosa pensa della collega. Non è solo la competizione a spingerla a marcare la distanza, ma la determinazione e la rabbia di chi ha pagato un prezzo alto per togliersi la povertà di dosso e non vuole accostamenti con chi è partita da ben altro scalino. Helena sa da dove viene, ed è nel ricordo indelebile del ghetto di Cracovia che ancora va in ufficio con il pranzo al sacco (uova sode, salsicce, cosce di pollo) e spegne la luce ogni volta che esce da una stanza.

Per questo a Parigi, dove tutta la chiamano semplicemente Madame, non le interessa solo fare cosmetici. Vuole portare bellezza in tutto quello che tocca, a partire dalla sua stessa dimora in boulevard Raspail che ospita, oltre a una sala cinematografica in esclusiva, anche le tele di una collezione d'arte costruita con bulimia più che buon gusto. Nel mucchio dei pittori squattrinati di Montmartre e Montparnasse finiscono però anche Bonnard, Chagall, Matisse e Picasso, che Helena non disdegna di ospitare a cena nel suo salotto parigino.

L'ambizione segreta è di ergere la sua stessa esistenza a opera d'arte, ma senza mai dimenticare che lei crea cosmetici e le due cose – la sua immagine e la sua azienda – procedono sempre insieme. Si fa ritrarre e fotografare in oltre duecento opere da Man Ray, Dalí e moltə altrə artistə, con la sola eccezione dell'amico Picasso, che si rifiuterà con garbo di compiacerla col suo pennello. Interpretando al meglio del suo tempo la meraviglia, Helena indossa gioielli magnifici e abiti di Chanel, Dior, Elsa Schiaparelli e Yves Saint Laurent. Le sue case a quel punto della vita non si contano, e lei, che non le abita più, le fa progettare e arredare come fossero vere e proprie installazioni da architettə e artistə delle più oltraggiose avanguardie, che le riempiono di opere d'arte. Tutta la bellezza che può essere comprata lei la comprerà, e arriverà fino a commissionare il design dei suoi prodotti di bellezza a Miró e de Kooning. Le idee per le sue campagne pubblicitarie le carpirà invece dal mondo intellettuale che, di quando in quando, accetta gli inviti nel suo salotto: da Hemingway a Virginia Woolf, da Kipling a James Joyce.

È una vita fatta in ugual misura di rappresentanza e di autorappresentazione, ma non c'è spazio per il privato e la relazione con Edward non tarda a pagarne il prezzo. Lui la accusa di essere anaffettiva perché ha sempre messo al primo posto il lavoro, cosa che gli uomini fanno da secoli, ma di cui nessuno chiede loro conto. Helena non negherà la precedenza agli affari anche quando saranno i figli ad accusarla di essere stata una madre assente.

Con la discrasia affettiva tipica di chi è convinto di avere una missione, è incapace di empatia verso le persone che vivono in casa con lei e, allo stesso tempo, prodiga di grandi slanci verso schiere di complete sconosciute. A donne mai viste elargirà con generosità tutto quello che i suoi familiari l'accusano di aver loro lesinato. "La mia fortuna arriva dalle donne e dovrebbe ritornare a loro e ai loro figli" dirà nel 1953, dando vita alla Fondazione Helena Rubinstein per offrire alle ragazze delle classi meno agiate un'istruzione a cui altrimenti non avrebbero mai potuto accedere. Nel processo di emancipazione delle altre donne coinvolge maggiormente le sorelle: sono poche ormai quelle rimaste in Polonia e Helena le vuole al suo fianco nella gestione sempre più complessa dell'azienda.

Il matrimonio si trascinerà fino al 1937, anno in cui Helena divorzierà. La sua pelle trarrà un indubbio giovamento dal nuovo fidanzamento con il principe Artchil Gourielli-Tchkonia, un georgiano senza un soldo, ma ventitré anni più giovane di lei. Non è un'infatuazione. Sposati nel 1938, i due rimarranno insieme fino alla morte prematura di Artchil, diciotto anni dopo. Sarà con lui che si stanzierà definitivamente a New York, da dove osserverà con crescente preoccupazione l'evoluzione politica dell'Europa invasa dal ruggito dell'antisemitismo nazista. È una decisione preveggente. Nel 1939, un anno dopo l'annessione dell'Austria alla Germania, il Salon Rubinstein di Vienna viene chiuso in ottemperanza alle leggi razziali e le persecuzioni contro gli ebrei si fanno sempre più violente.

Helena aiuta in ogni modo familiari, amici e conoscenti: fa miracoli per salvarlə dai lager e dà impiego a moltissimə connazionalə. Riesce a portare quasi tutta la sua famiglia con sé, ma non fa in tempo a proteggere Regina, una delle ultime sorelle rimaste in Polonia: lei e il marito verranno internatə e uccisə ad Auschwitz. Nonostante la sua posizione, la vita per lei non è semplice nemmeno negli Stati Uniti, dove l'antisemitismo è riuscito a inquinare anche i rapporti sociali più altolocati: mentre tenta di acquistare un appartamento a Park Avenue, l'agente immobiliare la informa che gli altri comproprietari non gradiscono l'offerta di un'ebrea. È il 1941 e Helena, che di guerre per restare se stessa ne ha combattute tante, tira fuori il portafoglio e compra l'intero palazzo.

Lo stile di business americano è spietato, ma non ha segreti per lei. Poco prima della crisi del '29 aveva infatti venduto il suo salone di New York per più di 3 milioni di dollari, salvo ricomprarselo – due anni dopo il crollo della Borsa di Wall Street – per una cifra irrisoria e investire il guadagno nell'innovazione cosmetologica.

Il nuovo salone sulla Fifth Avenue è un capolavoro del lusso in cui si fondono promesse di bellezza, oggetti d'arte e le tendenze più avanzate della moda. I trattamenti viso sono la principale richiesta delle clienti, che hanno diritto a una consulenza personalizzata con un medico e vengono invitate a seguire semplici regole olistiche per trarre il giovamento massimo dai prodotti di Madame: il quantitativo di acqua da bere ogni giorno, il regime alimentare più adatto e persino qualche esercizio per mantenere una buona forma fisica. Il nome di Helena, preceduto dai suoi evocativi successi europei, fa il giro delle case che contano e moltiplica i saloni Rubinstein in tutto il Nord America: San Francisco, Boston, Philadelphia, Chicago e infine Toronto.

Il nuovo continente la spinge a sperimentare: dieci anni prima aveva ideato una crema agli ormoni da abbinare a trattamenti come l'elettrostimolazione, ma in questa fa ben di più che creare nuovi prodotti: crea nuovi bisogni. Servendosi dei massimi esperti sul campo, studia i benefici della beauty therapy per i malati e i reduci di guerra, e lancia sul mercato la prima linea di bellezza maschile. Con una delle sue sorelle organizza un tour degli Stati Uniti e insieme girano personalmente tutti i grandi magazzini delle principali città americane, creando in ciascuno un corner dedicato alla vendita dei prodotti della Maison. È Helena stessa a formare le vendeuse e le consulenti specializzate, che devono ricevere un'istruzione scientifica di sei mesi per poter vendere le sue creme e i cosmetici. Spesso si diverte a istruire anche le clienti che hanno la fortuna di trovarsi lì quando lei è in visita.

L'innovazione è la chiave del suo successo e sarà fondamentale per tenere in piedi una storia imprenditoriale che ormai si muove su due parabole opposte, divise dall'oceano. Mentre il canale distributivo europeo crolla a causa della guerra e al termine del conflitto i suoi saloni in Francia e in Inghilterra sono ridotti in polvere, Helena concentra i suoi investimenti americani sulla ricerca. All'Esposizione Universale di New York presenta il primo mascara impermeabile, facendolo indossare alle sirenette olimpioniche che eseguono i balletti acquatici senza che alcuna lacrima nera coli dalle loro lunghissime ciglia. Esther Williams le sarà grata per la vita. Il mascara non ha ancora la praticità del tubetto e dell'applicatore, ma sarà comunque lei a inventarseli nel 1958, dando vita a un prodotto passato alla storia con il nome di "Mascara-Matic".

Negli Stati Uniti il suo accanimento imprenditoriale portato avanti a dispetto del mondo che crolla le attira anche feroci critiche. Dicono che è irriguardosa e incivile perché si occupa di vanità sotto i bombardamenti e in sua difesa interverrà il presidente Roosevelt in persona, il quale – dando prova di conoscere perfettamente la dimensione cosmologica della cosmesi – dichiarerà categorico che "le creme di Miss Rubinstein tengono alto il morale delle donne americane", e nel momento più duro del conflitto tanto bastava.

Alla fine della guerra Helena è una reduce nel senso peggiore del termine, perché appartiene alla generazione che ha iniziato a sognare in un secolo e un mondo completamente diversi e può vantare un'età in cui è lecito aspettarsi che dagli affari ci si ritiri. Essere sopravvissuta significa però essere al contempo anche un'irriducibile: la vita della pensionata non fa per lei, che si sente invece pronta a ripartire da zero per ricostruire il suo business in Europa.

Le donne – che dopo gli orrori del conflitto hanno urgenza di leggerezza e grazia – ci mettono molto poco a far decollare nuovamente le vendite, e i ricavi di quella ripresa le permettono non solo di riaprire i saloni europei, ma anche di progettare nuovi punti di produzione e negozi in Australia, Sud America e Giappone. È in quegli anni che lancia il primo rossetto in tubo e affina le tecniche dei trattamenti antietà e lifting per il viso, ed è allora che si compie il passaggio definitivo della sua immagine: da imprenditrice della cosmetica a sacerdotessa di uno stile di vita senza tempo. Celeberrima è la sua frase "non esistono donne brutte, esistono solo donne pigre", estrema sintesi di una visione che oggi forse ci appare un eccessivo asservimento al canone estetico, ma che nel dopoguerra suonava come la promessa di riscatto per tutte quelle donne che, guardandosi allo specchio, vedevano sul proprio volto più brutti ricordi che belle speranze.

Solo la morte del figlio Horace Titus, perso in un tragico incidente nel 1958, arresterà per un po' il moto perpetuo di Helena Rubinstein, ma a ottantasei anni la donna che ha reso più bello il secolo peggiore riparte ancora una volta, l'ultima, per fare il giro del mondo con un giovane assistente. Al ritorno dona duemila pezzi della sua collezione d'arte al nascente museo di Tel Aviv e continua a guidare la sua Fondazione, accogliendo e formando ragazze da tutto il mondo.

In sessant'anni, Helena Rubinstein devolverà quasi 130 milioni di dollari per cause legate all'educazione, la sanità e l'arte. Più che anziana e già immobilizzata a letto, diventerà protagonista di un episodio surreale, sventando una rapina nel suo appartamento: davanti alle minacce di una morte che ormai non teme, si rifiuta categoricamente di aprire la cassaforte costringendo i ladri ad andarsene a mani vuote.

Non smetterà mai di lavorare fino al 1° aprile del 1965, quando, alla soglia dei novantacinque anni, si addormenta per sempre nella sua casa di New York.

Viene sepolta nel Queens, nel cimitero di Mount Olivet, con addosso il suo vestito preferito di Yves Saint Laurent il quale, una volta, aveva detto: "Il trucco migliore per una donna è la passione, ma i cosmetici sono più facili da comprare".

Se volessimo parlare di numeri, dovremmo dire che Helena ha lasciato in eredità un conto personale di cento milioni di dollari e un impero immenso spalmato in trenta paesi, con quattordici stabilimenti, decine di saloni di bellezza e trentamila dipendenti. Per spiegare la sua avventura straordinaria però non bastano i numeri, perché con il suo progetto imprenditoriale Helena Rubinstein ha tentato una rivoluzione mai riuscita prima: creare le condizioni per sanare l'ingiustizia della casualità estetica e trasformare il privilegio di poche nel diritto di tutte.

Angela Merkel

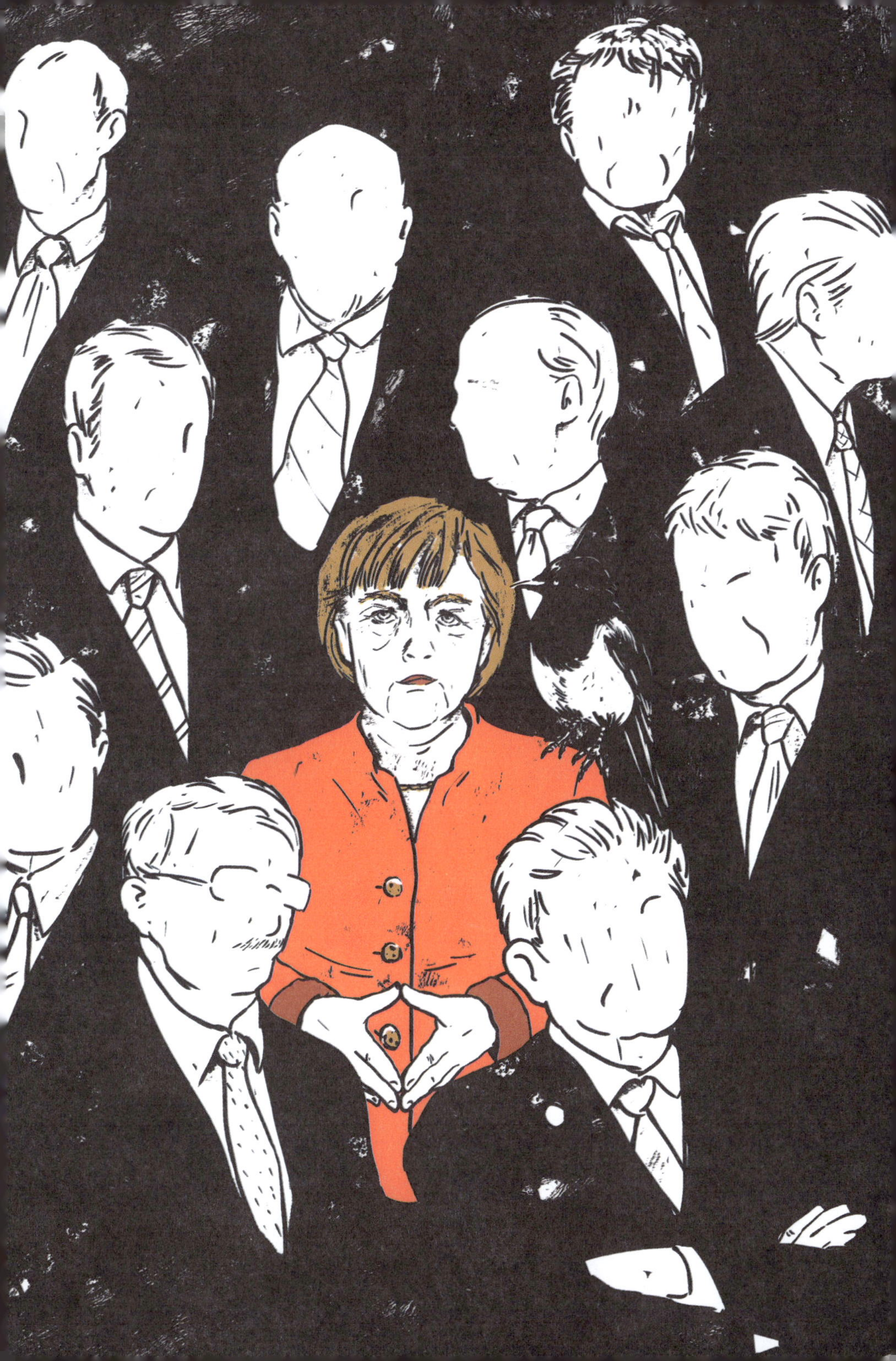

ANGELA MERKEL

Quando nel 2018 Steffen Seibert, portavoce del governo tedesco, scatta la foto ai leader del pianeta che discutono al G7, non può prevedere che quell'immagine, oltre a diventare il simbolo dei rapporti di potere in atto a quel vertice, verrà ricordata come la sintesi della personalità dell'unica donna che vi appare per intero in mezzo a un manipolo di uomini in giacca e cravatta. Quella donna è la cancelliera tedesca Angela Merkel e nel suo tailleur carta da zucchero, con i palmi piantati sul tavolo e lo sguardo fermo rivolto all'imbronciato Donald Trump che le sta seduto davanti, è la donna più potente del mondo. A dispetto della posa granitica della foto, nella vita Angela Merkel non ha il piglio marziale di Margaret Thatcher, né il carisma populista di Evita Perón. Le manca la bellezza iconica di Julija Tymošenko e anche il profilo da perseguitata politica di Aung San Suu Kyi. Com'è possibile che questa signora taciturna e schiva abbia governato la Germania e dettato legge in Europa per quindici anni ininterrotti, che in politica sono l'equivalente di un'epoca?

Spesso le Morgane sono donne che si sono poste di fronte al mondo come forze della natura, talenti abbacinanti e incontenibili, personalità carismatiche e controcorrente che si sono fatte notare in ogni stanza cui hanno avuto accesso. Angela Merkel però è precisamente il contrario: se si trova nella stanza dei bottoni è perché nessuno l'ha vista arrivare, e quando gli uomini al comando si sono accorti di lei, era ormai troppo tardi per provare a fermarla.

Nascere nel 1954 in Germania è psicologicamente complicato, perché significa far partire la propria esistenza dalla nazione che ha scatenato la peggiore guerra di sempre. Non sono passati nemmeno dieci anni dalla resa agli alleati atlantici e Angela Dorothea Kasner vede la luce ad Amburgo, il porto principale dell'ex Reich e dunque una delle città più colpite dai bombardamenti. Per il padre di Angela, Horst, che da giovane aveva militato nella gioventù hitleriana, è difficile chiudere i conti col passato in un mondo dove le ferite sono ancora così evidenti.

Ci prova abbandonando il cattolicesimo, diventando pastore luterano e prendendo una decisione talmente controcorrente da risultare quasi insensata: se ne va dalla Germania Ovest sotto il controllo degli americani per trasferirsi con tutta la famiglia a Templin, una cittadina sperduta tra laghi e foreste che si trova nella DDR, la parte dell'ex Reich controllata dall'Unione Sovietica.

I cambiamenti sono nel DNA della famiglia Kasner, a partire dal cognome, germanizzato negli anni Trenta partendo dal polacco Kaźmierczak. Polacca è anche la madre di Angela, Herlind, insegnante di inglese e latino, diversa dal padre nell'orientamento politico, decisamente socialdemocratico, ed è verosimile pensare che negli anni difficili del dopoguerra sia stata lei a spingere per un trasferimento nella parte della Germania dove la socialdemocrazia sembrava poter avere un futuro. Angela cresce quindi al centro di un legame coniugale che in nome dell'amore teneva insieme due anime profondamente diverse. Quella capacità di vedere l'interesse comune a dispetto delle differenze non la perderà mai più.

Mentre 200 mila tedeschi fuggono da est a ovest per cercare libertà nell'Occidente capitalista e prima che il muro in costruzione tagli per una generazione la possibilità di farlo, la famiglia Kasner compie il percorso opposto, perché nella Repubblica Democratica Tedesca i pastori luterani sono pochi e per Horst c'è maggiore probabilità di fare carriera. I suoi colleghi all'Ovest per questa sua scelta lo chiameranno "il ministro rosso".

Grazie all'anticonformismo del padre, Angela crescerà nella canonica del seminario a Waldhof, una specie di piccolo villaggio autosufficiente dove la Chiesa possiede trenta edifici che ospitano e si prendono cura di centinaia di persone con disabilità fisiche e mentali, categorie che nella Germania nazista venivano sterminate in nome dell'eugenetica. Angela racconterà sempre pochissimo di questa sua infanzia. Solo in una delle rare interviste che concederà, deciderà di andare oltre le frasi di circostanza, tipo "sono stata una bambina molto felice e ho vissuto anni meravigliosi", per far intravedere la durezza della Germania Est di quegli anni. Nella stessa intervista ricorderà di aver visto uomini e donne legati alle panchine e appartamenti in cui vivevano anche sessanta persone, stipate quasi una sull'altra.

In quel contesto, la famiglia Kasner cresce però con possibilità ben superiori alla media. In una DDR dove la maggioranza delle persone vive del lavoro assegnato dallo stato con un salario minimo e la categoria del lusso praticamente non esiste, il pastore Horst dispone di una casa grande e luminosa, e addirittura di due macchine: ovviamente una Trabant – l'automobile del popolo nella DDR – e poi una Wartburg. La signora Herlind ha come prima preoccupazione quella di spingere Angela verso lo studio. Dopo decenni di retorica nazista sulla buona madre di famiglia che deve figliare ariani tra le mura domestiche, la signora Kasner chiarisce subito alla sua ragazza quanto sia invece fondamentale avere prima di tutto un lavoro.

ANGELA MERKEL

Grazie a lei Angela capisce che è meglio iniziare a darsi da fare. In terza media si aggiudica il primo posto nella gara scolastica di lingua russa: è talmente brava che i professori la iscrivono alle Olimpiadi nazionali; le vincerà per tre anni di seguito. La conoscenza del russo le tornerà utile molti anni dopo, quando sarà l'unica leader occidentale a tenere testa a Putin nella sua lingua madre.

Potrebbe scattare qui la leggenda del piccolo genio poliglotta, ma è lei stessa a smentirla. Angela non era naturalmente portata allo studio, ma semplicemente molto determinata e metodica, tanto che dirà: "Quello che una persona normale è in grado di fare automaticamente, io ho dovuto prima apprenderlo mentalmente e poi metterlo in pratica attraverso un estenuante esercizio". Una secchiona, insomma. Nel frattempo, se fosse già stato codificato il bullismo, Angela ne sarebbe vittima: in classe viene eletta membro onorario del "Club delle Mai Baciate", perché per i compagni è la bruttina con i capelli a scodella che non sorride mai. Gli insegnanti le consiglieranno di essere più estroversa e solare, ma tra le priorità di Angela non c'è il desiderio di compiacerli, né di compiacere i compagni. Di certo soffre di quello stigma, ma non cambia per questo il suo modo di essere: le interessa costruirsi un futuro solido, non vincere il premio simpatia.

La sua progettualità è rigorosa, perché capisce prestissimo quello che vuole: studiare fino ai massimi livelli, cioè quelli che le permetteranno di raggiungere una cattedra universitaria. Per ottenerla, Angela aderisce alla Libera Gioventù Tedesca, l'organizzazione giovanile del partito comunista che agevola ai suoi iscritti l'accesso alle scuole migliori. In realtà non le importa nulla del comunismo, anzi è molto critica nei confronti della gestione sociale della Repubblica Democratica, ma questo non le impedisce di diventare leader dell'organizzazione, secondo un principio che nella vita la guiderà sempre: se c'è qualcosa che non puoi cambiare, almeno fai in modo di controllarlo. Le contraddizioni non la spaventano. In fondo è la figlia di un pastore ex nazista e di una donna di sinistra, ed è cresciuta tra l'assertività dei sermoni e i ben più accesi dibattiti domestici. Se un lumicino fa fumo, non per questo ne sacrifica la poca luce. Lo spiegherà anni dopo dicendo: "Ho sempre usato a mio favore lo spazio di manovra che mi veniva lasciato".

Alla ricerca della variabile possibile, del punto cieco in cui nessuno guarda, Angela deciderà di non partecipare alla cerimonia di passaggio alla maggiore età organizzata tradizionalmente dal partito, ma sceglierà invece la cresima. In un paese che con sempre maggiore fermezza incoraggiava l'ateismo di stato, quello è l'unico suo atto di ribellione; per il resto, Angela punta dritta a ciò che vuole ottenere. Nel 1977, un anno prima della laurea in fisica all'Università di Lipsia, si sposa con un suo compagno di studi, Ulrich Merkel. Lei ha ventitré anni quando entra nella chiesetta protestante di Templin vestita di blu. È amore? Non ha importanza. Ci si sposa senza pensarci troppo nella Germania Democratica: è il modo più rapido per riuscire a vedersi assegnato un appartamento e un lavoro nella stessa città. Sbrigata questa pratica, Angela può concentrarsi per diventare quello che vuole: una scienziata e una fisica, perché, racconterà, "con la fisica non si può alterare così facilmente la verità".

Angela diventa l'unica donna a fare ricerca nell'Istituto Centrale per la Chimica fisica dell'Accademia delle Scienze di Berlino Est e, già che c'è, si prende anche il dottorato in chimica quantistica. L'ateneo si trova di fronte a una sede della Stasi, la polizia politica della DDR, e per lei quella vicinanza sarà quasi un presagio. Non lo sa ancora, ma a breve gli occhi dei servizi segreti la osserveranno molto da vicino, spiandola e controllandola. Non significa che sia speciale – la Stasi nella DDR controllava chiunque per qualunque ragione –, ma nel suo caso quell'attenzione è davvero superflua: Angela ha una vita noiosissima. Al di là del lavoro di ricerca, dell'iscrizione formale alle organizzazioni comuniste e del matrimonio perbene, la sua quotidianità è senza guizzi, che poi è un altro modo per dire "senza gioia". Dedizione e metodo portano sì i risultati, ma non la felicità. Forse è per questo che, intravedendo una vita da vecchia a soli venticinque anni, Angela si stanca di fare proprio tutto secondo le regole. Comincia a trascorrere lunghissime pause pranzo nell'ufficio del suo collega Joachim Sauer, chimico molto celebre e a sua volta molto sposato, già padre di due figli. Quei pomeriggi sono la ragione per cui il matrimonio con il signor Merkel durerà solo una manciata di anni, dopodiché, nel 1982, Angela divorzierà e della vita con il suo ex marito terrà solo il cognome e la lavatrice. Joachim, il chimico di cui si è innamorata, ci metterà un po' di più a decidere che fare, separandosi nel 1985. I due non hanno comunque fretta di correre di nuovo all'altare: si sono scelti e questo basta. Si risposeranno, con molta calma, nel 1998, principalmente per chiudere il becco a chi considera la loro unione irrispettosa dei valori del partito cristiano-democratico del quale Angela, donna divorziata e convivente, è arrivata silenziosamente a capo.

Silenzio e profilo basso: questa è la cifra di *Frau* Merkel, tanto nel pubblico che nel privato. Anche dell'amore con Joachim si sa pochissimo. Ufficialmente li si vede insieme una volta all'anno, al festival wagneriano di Bayreuth. Da amante dell'opera lirica, Joachim si è guadagnato il soprannome feroce di "fantasma dell'opera" per questo suo essere ectoplasmatico al fianco della cancelliera. Il mondo occidentale, con tutte le sue pretese di emancipazione, non ha ancora normalizzato il fatto che il passo indietro a volte possa farlo l'uomo. I giornali scandalistici si devono quindi accontentare di paparazzarla insieme durante le vacanze: una settimana a Positano o Ischia per Pasqua, la montagna in estate (di solito il Trentino), tutto sotto controllo, tutto al suo posto. Solo una volta Angela ha aperto un timido scorcio sulla loro intimità, quando ha raccontato che spesso chiede a Joachim di spiegarle le barzellette perché lei non le capisce subito, sostenendo che il senso dell'umorismo è una dote che non le è mai stato richiesto di sviluppare. Ovviamente solo una persona dotata di grande senso dell'umorismo può fare un'affermazione del genere, ma per noi italianə, abituatə a fior di barzellettieri tra i nostri capi di governo, verrebbe quasi da dirle: meno male, signora Merkel, resti così.

Questa protezione del privato ha qualcosa di rivoluzionario nella nostra contemporaneità, dove ai politici è chiesto di avere profili pubblici nei quali esporsi come figure familiari. Nella stagione in cui Trump viene bannato da tutti i social media, giova ricordare che Angela Merkel non ha mai avuto un account Twitter ed è l'unica donna potente a cui sia riuscito l'azzardo di scomparire dal mondo del gossip e delle speculazioni. Un mondo che molte altre donne influenti non sono state in grado di evitare oppure hanno provato a sfruttare a proprio vantaggio, credendo che potesse aumentare la loro popolarità. Pensando di avere la tigre sotto controllo, si sono sottoposte alla gogna delle aspettative sociali, sono state analizzate e passate al vetrino per scelte considerate da sempre materia privata per gli uomini: chi sposano, se hanno o non hanno figli, come l'essere madri influenzi o si concili con la vita pubblica o come giustifichino il fatto di non esserlo. I commenti sulla mancata maternità di Angela sono invece rari. Solo qualche anno fa, la leader di un partito nazionalista ed euroscettico l'ha attaccata pubblicamente dicendo: "Io ho quattro figli e la Merkel non ne ha. I bambini aiutano la gente a vedere oltre la propria vita e questo è esattamente ciò che la Merkel non fa". Anche Macron non ha figli, ma nessuno ha mai messo in dubbio la sua capacità di progettare il futuro. "I figli non sono venuti, probabilmente con un figlio avrei dovuto rinunciare alla politica. La mia vita è andata in un'altra direzione" ha detto Angela chiudendo il discorso. Una donna che è cresciuta mentre la storia del Novecento le si dispiegava davanti non perde certo la calma per cose come questa.

La storia del Novecento si è fatta davvero davanti agli occhi cerulei di Angela Merkel, e il suo essere metodica e misurata l'ha resa una testimone molto lucida. Prendiamo l'evento più importante della fine del secolo scorso, il crollo di quel Muro che sembrava eterno e invece venne giù di botto in una sola notte, cambiando per sempre la faccia dell'Europa. Il 9 novembre 1989 è un giovedì e, come tutti i giovedì, Angela va a fare la sauna con un'amica. Prima però ha un presentimento e chiama la madre: "Stai attenta mamma, stasera succede qualcosa". E qualcosa succede eccome. In tv c'è infatti la conferenza stampa in cui il corrispondente italiano dell'Ansa da Berlino pone la famosa domanda al segretario del partito Günter Schabowski, e lui – vuoi per la tensione, vuoi per un momento di confusione – contribuisce per errore e in maniera decisiva alla caduta del Muro. Schabowski estrae dalla tasca della giacca un foglietto e dice che i cittadini della DDR possono varcare le frontiere semplicemente mostrando un documento d'identità, senza aver fatto nessuna richiesta preventiva e formale alla polizia. Il giornalista italiano incalza: "Vale anche per Berlino Ovest?". Quando Schabowski risponde: "Sì, per tutte le frontiere. Per quanto ne sappia, da questo momento", la storia è fatta. I berlinesi si precipitano in strada e corrono al Muro, prima a decine poi a centinaia, lasciando paralizzate dall'indecisione le guardie armate. Prima si apriranno i varchi, poi le pietre verranno divelte a mano e con attrezzi di fortuna e infine le persone da una parte e dall'altra del Muro si riabbracceranno dopo ventotto anni di forzata separazione.

Ricordando quella sera, Angela racconta: "Io e mia madre avevamo un modo tutto nostro di scherzare su questo, dicevamo: Se un giorno il Muro non ci fosse più (ma nessuna di noi credeva davvero che cadesse), andiamo a mangiare ostriche al Kempinski". Angela ci tiene a precisare che poi al Kempinski non ci è mai stata, perché in fondo non è un tipo da ostriche lei, e prosegue: "Tornando verso casa con la mia borsa da sauna, passando vicino a Bornholmer Strasse, ho visto tante persone correre. Allora, non lo scorderò mai – saranno state forse le dieci e mezzo - undici – ho semplicemente seguito la gente. Ero da sola, ma sempre dietro agli altri. Così ci siamo trovatə a Berlino Ovest: si era formato un gruppo. Siamo entratə in un qualche appartamento, la gente voleva telefonare a casa. Io volevo chiamare mia zia, ognuno voleva fare qualcosa. Alcunə hanno continuato a camminare. Io però il giorno dopo dovevo alzarmi presto per andare al lavoro, quindi a un certo punto, verso l'una o l'una e mezzo, dopo aver bevuto la mia prima birra dell'Ovest, sono tornata a casa. Me lo ricordo ancora, era una lattina di birra, e non ci ero abituata". Niente trenini, festeggiamenti fino all'alba, shopping sfrenato a Kurfürstendamm; se gli altri hanno molti desideri da esaudire quella stessa notte, lei preferisce tornare a casa. Si prepara a questo momento da un tempo lunghissimo e lo vuole accogliere con metodo, come ha sempre fatto nella sua vita. Sei settimane dopo, a trentacinque anni, Angela Merkel darà inizio alla sua carriera politica.

Il metodo sarà pure stato lento e ponderato fino a quel momento, ma la sua ascesa è invece velocissima. Nell'89 si iscrive al partito Risveglio Democratico e ne diventa portavoce. Nello stesso anno si tengono le prime elezioni libere e il suo partito le vince: Angela si ritrova così portavoce dell'ultimo governo della DDR prima della riunificazione. Sono attimi in cui tutto, dopo essere stato immobile e apparentemente immutabile per decenni, si muove alla rapidità del fulmine e lei è proprio lì, in quel flusso di energie finalmente libere. Il partito di Angela si fonde con l'Unione cristiano-democratica, la CDU, e sei mesi dopo si tengono le prime elezioni della Germania riunificata. Viene eletta nel suo distretto e diventa ministro per le Donne e i Giovani nel governo presieduto da Helmut Kohl. Lui la sceglie principalmente per convenienza: gli è utile poter esibire un ministro donna dell'Est (fra l'altro, la più giovane nella storia della Repubblica Federale) nel primo governo tedesco post-riunificazione.

Angela sta al gioco. In un sistema politico maschilista lei si presenta come chi, apparentemente, vuole stare sullo sfondo e muoversi in punta di piedi: rispetta tutti i cliché quando, nelle interviste, racconta di essere anche una brava cuoca – la torta di prugne, la zuppa di patate e il polpettone sono i suoi cavalli di battaglia – e di trascorrere volentieri i fine settimana tra i fornelli. Merkel diventa la protégée di Kohl che si rivolge a lei con fare paternalistico chiamandola "Das Mädchen", la ragazza, e per tutti diventa la "ragazzina di Kohl", con malcelato disprezzo, quasi a volerla rimpicciolire e rendere innocua.

Il superpotere di Angela, quello di arrivare senza essere vista, agisce in quegli anni con la massima efficacia. Tempo dopo lo racconterà lei stessa: "Il mio stile politico è il risultato di un mix di fattori: la mia personalità, la mia formazione scientifica come fisica (se avessi studiato giurisprudenza sarei certamente diversa), la mia provenienza dal Nord della Germania (in Baviera sono più espansivi e già in Sassonia sono abituati a parlare di più), l'essere una donna e anche l'essere cresciuta nella DDR. Nella Germania dell'Est mi sono abituata a non apparire troppo, perché apparire era qualcosa di negativo. E poi nella DDR sapevamo leggere tra le righe, capacità che avevamo appreso sfogliando il giornale del partito. Nella Germania Occidentale ho invece imparato che bisogna essere molto più esplicita: una cosa va sottolineata cinque volte per indicare che si tratta di qualcosa di nuovo".

Lei è qualcosa di nuovo, ma non fa niente per sottolinearsi e quindi, a mano a mano che le vengono affidati incarichi sempre più impegnativi – sarà ministra per Kohl fino al suo quinto mandato –, nessuno pensa che *Frau* Merkel sia arrivata per restare. È la "bimba di Kohl" diremmo oggi, e con Kohl se ne andrà, pensano tutta. Forse lo pensa anche Kohl, ma si sbaglia di grosso.

Quando la coalizione guidata da Kohl viene sconfitta alle elezioni del 1998, Angela viene eletta segretaria generale del partito come figura di transizione, in attesa che gli equilibri interni diano il potere al prossimo uomo forte che farà il presidente di quello che alla fine dei conti è un partito conservatore guidato da uomini, più o meno l'equivalente della nostra DC. *Frau* Merkel in quel momento è percepita come legata all'astro che sta tramontando e il suo destino politico sembra segnato, ma è qui che fa uno scarto da vera politica di razza. Nello scandalo finanziario per appropriazione indebita che travolge i vertici del partito nel 1999, rilascia un'intervista a un importante quotidiano tedesco in cui prende le distanze dal suo mentore e ne svela qualche altarino non proprio lodevole. Il messaggio è chiaro: se Kohl sta crollando, lei non vuole esserne travolta.

Anche se la famiglia Kohl non glielo perdonerà mai, l'espediente funziona e lei, il volto nuovo venuto da oltre il Muro, la più giovane ministra di sempre, la figlia scienziata del pastore luterano, con stupore di tuttə diventa capo del partito cristiano-democratico di opposizione. Ha mille nemici e nessunə in realtà la vuole davvero, ma lei è silenziosa, seria e concentrata. Sa che dove crolla qualcunə, qualcun altrə primeggia. Opportunista? Scaltra sicuramente, e con un gran tempismo. Sa aspettare, perché quel "qualcun altrə" vuole essere lei. Dirà: "Sono sempre stata diffidente e questo mi ha molto aiutato nella vita".

A diffidare adesso però sono anche gli altri. Finalmente la vedono e ora non la chiamano più la ragazzina di Kohl, ma "Lady di ferro", mutuando senza troppa fantasia quello che fu già il soprannome di Thatcher. Quando è una donna a scalare le vette della politica, sembra che il miglior complimento possibile sia attribuirle le caratteristiche di un metallo freddo e duro, ma Angela, come sempre, non si scompone. È dove vuole essere e non intende spostarsi. "Un tempo desideravo avere il potere, quello sulle molecole. Mi interessa la struttura delle cose. Ora questo interesse lo rivolgo verso un settore completamente diverso."

Da quel momento la sua storia è scritta. Con enormi capacità di mediazione interne al partito e una presenza parlamentare segnata da scelte riformiste, Merkel costruisce e rafforza per quattro anni l'ipotesi della sua candidatura alla guida della coalizione di centro e nel 2005 la ottiene: vince le elezioni e diventa la prima cancelliera della Germania, rimanendolo ininterrottamente per quindici anni.

Il giorno in cui è salita alla guida del governo tedesco, nel Regno Unito c'era Tony Blair, in Francia era già cominciata l'ascesa di Nicolas Sarkozy, in Italia imperava Silvio Berlusconi e in America George W. Bush. Loro sono passati mentre lei rimaneva, forte di un rapporto dialettico col popolo tedesco che non è mai venuto meno, neppure nei momenti più duri dello scontro politico, grazie anche alla sua capacità di essere allo stesso tempo rigorosa e rassicurante. La contraddizione di Angela è solo apparente ed emerge nelle scelte grandi. Il 16 luglio 2015, ospite di un programma televisivo, fa scoppiare a piangere una ragazzina libanese di origine palestinese quando le spiega che no, la Germania non può accogliere tutti quelli che provengono dal Libano o dall'Africa. "Il tuo è un problema diffuso" spiega con un pragmatismo incomprensibile a un bambino, ma chiarissimo agli ascoltatori. "Mi spiace. Nei campi profughi ci sono migliaia di persone e non possiamo dire a tutti di venire in Germania. Altrimenti non ce la faremmo, ma sto lavorando alla questione." Sembra spietata, ma ci lavora davvero. Pochi giorni dopo apre la Germania a un milione di esuli siriani in fuga dalla sanguinosissima guerra civile, dicendo: "Se l'Europa fallisce sulla questione dei rifugiati non sarà l'Europa che avevamo immaginato". A distanza di cinque anni il 60 per cento di quei profughi ha un lavoro, complice il fatto che tra loro c'è la borghesia colta, ricca di professionalità qualificate.

Il 30 giugno 2017 dà piena libertà di coscienza ai parlamentari del proprio partito per votare sul matrimonio egualitario e parificato, che viene legalizzato. Lei vota contro, dicendo: "Per me il matrimonio è tra uomo e donna", ma il gesto di lasciare libertà di coscienza ai compagni di partito ha permesso una riforma che se si fosse intestata come battaglia personale non sarebbe forse passata mai.

Nel 2019, a Ginevra – durante una conferenza dell'Organizzazione internazionale del lavoro – invita l'Unione europea a stabilire un modo per garantire che tutti i paesi abbiano un salario minimo "comparabile", per permettere condizioni di lavoro uguali. Combatte per colmare il divario retributivo di genere e il suo governo lavora per distruggere il "soffitto di cristallo" che non permette alle donne di avere accesso a ruoli dirigenziali all'interno delle aziende. Su queste cose è sempre chiara: "Persino nei paesi industrializzati, l'uguaglianza tra donne e uomini nell'economia lascia molto a desiderare".

I tedeschi la chiamano "Mutti", mamma, ma la categoria del materno in Germania si connota molto più di praticità e rigore che non di tenerezza e indulgenza, come la declineremmo in Italia. Le sue proposte politiche contengono spesso posizioni tutt'altro che tenere, come il sostegno all'attivismo militare di Bush jr e l'ipotesi di un ritorno all'energia nucleare (abbandonata prontamente dopo l'incidente della centrale di Fukushima). La Mutti autoritaria gestisce mirabilmente la politica interna ed estera tedesca ed europea, e quando l'Europa chiama, lei da convinta europeista c'è. Una volta, al Congresso di Dortmund, ha citato Antoine de Saint-Exupéry: "Se vuoi costruire navi, non metterti a raccogliere legna e tagliar tavole, ma cerca di risvegliare nelle persone la nostalgia del grande mare".

Con tutte le sue contraddizioni, Merkel è stata il centro di gravità permanente di un'Europa che ha ancora molta nostalgia del grande mare. Come ci è riuscita? Anzitutto non dormendo mai. Nelle negoziazioni internazionali pare prendesse l'avversario per sfinimento. Alle tre del mattino, dopo ore di lavoro, quando gli altri volevano chiudere per andare finalmente a dormire, lei chiedeva spiegazioni su ogni singolo cavillo. In un'intervista ha raccontato di saper controllare il sonno con la "tecnica del cammello": può dormire tre ore a notte per cinque o sei giorni di seguito, e poi recuperare con un sonno di dieci ore. In lei si sostanzia meno comicamente la celebre battuta di Mario Brega in *Bianco, rosso e Verdone*: "Questa mano può essere ferro e può essere piuma". La mano di Angela è così: salvatrice dell'euro, ma anche donna inflessibile e se necessario un po' spietata.

Merkel ha una passione sfrenata per il calcio. La leggenda narra che, come Fantozzi con la sua radiolina nascosta, a volte seguisse furtivamente la radiocronaca delle partite durante le sedute al Parlamento federale. Agli incontri più importanti di entrambe le nazionali maschile e femminile Merkel è presente, pronta a esultare come un ultrà a ogni gol. Per i Mondiali del 2014, vinti dalla Germania, si fa persino i selfie con la squadra.

Ma la foto più rivelatoria di tutte è quella che la ritrae in mezzo ai giocatori, la Coppa del Mondo in mano, perché mostra forse per la prima volta un'emozione che Angela non è riuscita a tenere sotto controllo. In giacca rossa e pantaloni bianchi, in mezzo ai ragazzi che esultano come pazzi, lei ha un sorriso da adolescente felicissima e incredula, un rossore sul volto e una timidezza che non troverete in nessuno dei suoi ritratti ufficiali. C'è qualcosa di cui ha paura la donna di cui tutta hanno timore? Pare siano due ovvietà: temporali e cani. Sulla seconda, quel sadico di Putin ci ha marciato. Quando Angela accetta il suo invito al Cremlino, lui si presenta accompagnato da Konni, il suo labrador nero preferito. Merkel ce la mette tutta per rimanere concentrata su Putin mentre tenta in ogni modo di evitare il contatto visivo con il cane, ma è evidente dalle immagini che, se solo potesse, scapperebbe a gambe levate.

L'abbigliamento è un capitolo a parte, ma non di poco conto, perché per una donna che ricopre ruoli pubblici l'abito che indossa conta moltissimo. Le donne che hanno fatto carriera politica in Occidente hanno sempre indossato il tailleur, che altro non è se non la versione femminile del vestito da uomo. Angela, la regina del basso profilo, ha scelto di non fare eccezione con inutili eccentricità. Si consacra al blazer a tre bottoni e prova a ingentilirlo con colori pastello, ma ai guru della moda questo non basta. Karl Lagerfeld, ex direttore creativo di Chanel, le aveva lanciato diversi appelli: "Angela, ti do una mano io, ma ti prego, sistemati un po' meglio". Memore degli sfottò alle medie nella DDR, Merkel non si fa più bullizzare sull'aspetto. Non le importa niente di come si veste, la sua partita da decenni è un'altra e il tailleur per lei è solo una divisa che deve rubarle giusto il tempo di infilarsela. I detrattori si accontentino dei colori, che una designer olandese ha raccolto in una scala Pantone con 90 sfumature racchiuse nell'irriverente titolo "The Spectacle of Tragedy". Del resto, all'inizio aveva pure provato a essere se stessa, indossando gonnellone lunghe e gonfie che richiamavano il Dirndl, il costume tradizionale diffuso nel Sud della Germania, ma i censori dell'estetica l'avevano definito un look da mugnaia.

Dal 2005 Angela è seguita dalla stilista Bettina Schoenbach: linee e colori più sobri sovrastati dal suo caschetto geometrico e lo sguardo sempre rivolto all'orizzonte, mai allo specchio. Merkel era e rimane una fisica e una chimica prestata alla politica, e se anche la vulgata le definisce scienze dure, è nel momento più duro della pandemia che si sono rivelate utili. Nel 2020, durante il messaggio prenatalizio, ha fatto il giro del mondo la sua illuminante spiegazione sui numeri del virus, con i quali ha illustrato il "successo intermedio fragile" della Germania e reso comprensibile a tuttə l'andamento della curva dei contagi.

Dopo tanta fermezza, a un certo punto Angela ha cominciato a tremare. Le è accaduto durante le cerimonie ufficiali, in televisione, e lei ha fatto ciò che è abituata a fare da sempre: si è aiutata da sola, abbracciandosi le mani per fermarle, senza che il viso mostrasse la benché minima espressione. Su quel tremore hanno scritto di tutto: morbo di Parkinson, malattia degenerativa, abuso di psicofarmaci, il tradimento di Joachim con un'ex allieva e la conseguente depressione di lei. Alcuni medici hanno ipotizzato persino "un tremore benigno simile all'ortostatico". Tuttə hanno auscultato quei lunghi minuti in cui Angela, costretta dal protocollo a rimanere ferma nella consapevolezza che il mondo intero la stava osservando, non riusciva a smettere di tremare. La fragilità fisica è un dato a cui i politici fanno molta attenzione, perché istintivamente chi vota l'associa a debolezza.

Per quanto le mani di Angela possano tremare, è però con polso fermissimo che ha guidato la Germania in uno dei momenti più difficili dal dopoguerra. Nel 2020, a sessantasei anni, la Mutti amata/odiata dai tedeschi e guardata con ammirazione e timore dal resto del mondo ha tenuto quello che probabilmente sarà l'ultimo discorso di Capodanno alla nazione. Ha attaccato i negazionisti del coronavirus dicendo: "Le teorie cospirazioniste non sono solo false e pericolose, ma anche ciniche e crudeli nei confronti di chi ha perduto i propri cari. Anch'io mi farò vaccinare, quando sarà il mio turno. La lotta alla pandemia è la sfida politica, sociale ed economica del secolo, e necessita di un atto di forza di dimensioni storiche". In quella circostanza, annuncia anche che alla scadenza del suo mandato non intende ricandidarsi. "Oggi è probabilmente l'ultima volta che mi rivolgo a voi come cancelliera nel discorso di Capodanno. Non credo di esagerare se dico che mai negli ultimi quindici anni abbiamo percepito con tale peso l'anno passato, e mai, nonostante tutte le preoccupazioni e alcuni scetticismi, abbiamo guardato con tanta speranza verso l'anno nuovo."

Comunque la si pensi sul suo operato politico, Angela Merkel è stata una delle chiavi di volta nel difficile passaggio dal secolo degli stermini di massa alle speranze del nuovo millennio. La sua rivoluzione è quella della serietà e della competenza, doti che alle donne non vengono quasi mai riconosciute. Lei ne ha fatto la sua arma, partendo da un percorso universitario in cui le donne sono quasi tagliate fuori e approdando alla politica, dove essere femmine e avere potere è ancora l'eccezione alla regola. In un mondo dove per emergere ci insegnano che occorre essere geniali e avere doti straordinarie, Angela Merkel ha mostrato che si può raggiungere qualunque vetta offrendo come unico spettacolo la propria ostinata normalità.

Veuve Clicquot

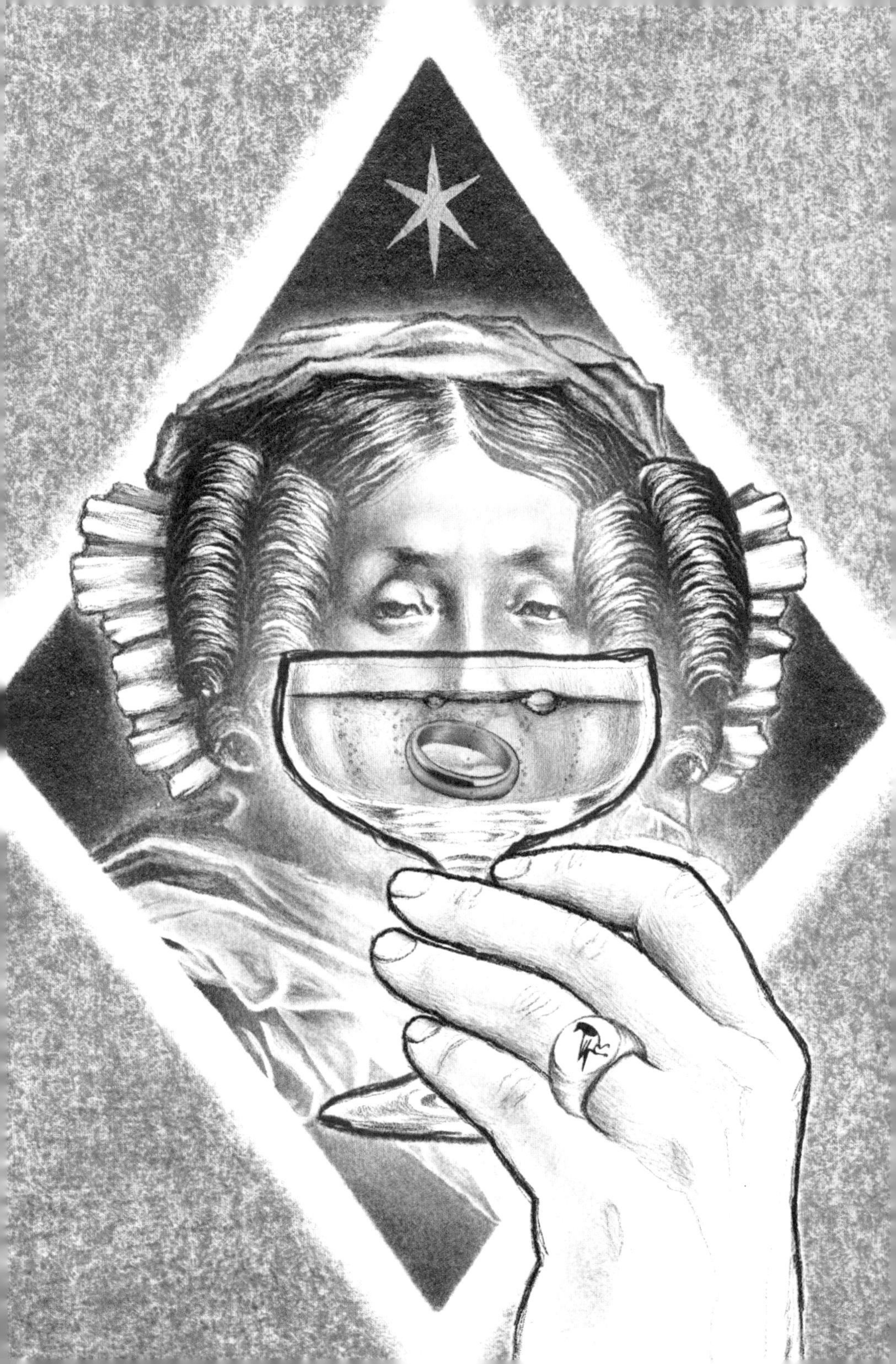

VEUVE CLICQUOT

"Sabrage" è un termine di origine francese. Deriva da *sabre*, sciabola, e indica una cerimonia: la particolare tecnica di apertura dello champagne, decisamente scenografica, che di solito vediamo nei film in cui degli ussari napoleonici misurano la loro virilità a colpi di decapitazioni di preziose bottiglie. La versione moderna del sabrage contempla addirittura l'ipotesi di uno smartphone al posto della spada, un'immagine così poco epica che noi preferiamo ricordare il rituale antico, con le vecchie eleganti sciabole. Leggenda vuole che sia stato Napoleone a introdurre quest'arte, decapitando la bottiglia con un colpo secco della sua spada e dicendo: "Champagne! Nella vittoria è un merito, nella sconfitta una necessità". E, da comandante che aveva a cuore il morale delle truppe, pare lo facesse davvero: molti storici hanno confermato che anche dopo brucianti débâcle venivano prese a colpi di lama parecchie bottiglie. Lo champagne sciabolato da Napoleone e la sua brigata non era un vino a caso: a donarlo loro era Madame Barbe-Nicole Ponsardin, sposata Clicquot, poi rimasta vedova, una donna di cui in pocǝ conosciamo la storia, anche se tuttǝ troviamo familiare il nome. L'abbiamo letto decine di volte, impresso sulle bottiglie custodite tra gli scaffali più costosi dei supermercati, e magari lo abbiamo anche esclamato, quando a una cena speciale siamo arrivatǝ dicendo: "Ecco, ti ho portato la vedova!".

Quella vedova ha attraversato la Rivoluzione Francese, l'Impero napoleonico, la Restaurazione e il Secondo Impero trasportando fino a noi le sue elegantissime bollicine e finendo sulle nostre tavole. Ci siamo ritrovatǝ molte volte a fissare il suo primo piano austero che troneggia inciso sulla capsula a protezione del tappo di ogni bottiglia, abbiamo giocato con quel ritratto, lo abbiamo piegato fra le nostre dita, senza sapere che quell'arcigna signora non si piegava a niente e a nessunǝ.

Quell'immagine a noi così familiare è presa da un dipinto fatto in tarda età, e mostra il volto privo di sorriso della Veuve Clicquot attorno al quale i boccoli incongruenti da bambola grinzita sono rigidi quanto la cuffietta bianca, unico tocco di luce che emerge dalle gramaglie con cui vestiva la sua vedovanza. A guardare quella tela, si potrebbe pensare che Madame Clicquot sia rimasta vedova tardi nella vita, ma è vero esattamente l'opposto: ha solo ventisette anni quando il marito muore in circostanze oscure, e il rigore dell'immagine che ancora vediamo riportata sulle bottiglie diventa per lei un'armatura con cui sfidare la società. Quel lutto ostentato e quella negazione di ogni ammiccamento non erano la perpetua rappresentazione dell'amore perduto, ma un travestimento che doveva renderla attraversabile dallo sguardo degli uomini, il suo personale mantello dell'invisibilità. Se non mi vedono come donna, cioè come oggetto del desiderio – questo deve aver pensato in quella sua mente astuta –, probabilmente mi accetteranno come commerciante con cui trattare. Aveva ragione e aveva anche l'alcol giusto, con il quale i suoi interlocutori li ha poi ubriacati tutti, sotto ogni punto di vista.

Oggi molte grandi aziende vinicole di pregio sono dirette da donne, ma all'inizio dell'Ottocento il vino è ancora una faccenda da uomini. Le bollicine in particolare sono l'aristocrazia della vinificazione e nessuno si sogna di coinvolgere una donna nella produzione più pregiata dei nobili vitigni di Francia. La ragazza ventisettenne che di colpo si trova sola davanti alle viti del marito morto ha un'occasione d'oro: sovvertire le regole e diventare la prima donna a dirigere una Maison de Champagne, oltreché una delle più grandi imprenditrici e pioniere di sempre.

Questo percorso non certo lineare comincia in una bellissima casa di Reims che affaccia sulla place Royale con vista sulle torri di una delle cattedrali più importanti di Francia, quella dove per secoli sono stati incoronati i suoi re. È in quella culla privilegiata che nel 1777 nasce Barbe-Nicole Ponsardin, decisamente dalla parte comoda della storia. Non è una testa coronata (e tanto meglio, visto che presto molte cadranno sotto la lama impietosa della ghigliottina) ma è figlia dell'altissima borghesia. Il padre è il commerciante più ricco della città, fa il produttore tessile e, grazie alla sua posizione, ricopre anche un ruolo importante nella vita amministrativa e politica di Reims.

In quell'infanzia serena, con genitori premurosi e amorevoli, Barbe-Nicole cresce preoccupandosi solo di essere felice, ma nei giochi trascura le bambole e preferisce il mondo dei numeri. Non è una bambina leziosa e mostra curiosi interessi per lo spirito del tempo. Si diverte con le addizioni e le moltiplicazioni dei libri contabili del padre, indovinando tra quelle cifre la fortuna della sua famiglia, e si ostina a volerle capire nell'illusione di poterne un giorno riprodurre la magia. L'altra sua passione sono i romanzi d'avventura, specialmente le storie di pirati alla conquista dei mari. Per il suo ventesimo compleanno chiederà al padre il regalo di portarla a conoscere il mare e lui esaudirà il desiderio con un piccolo viaggio in Normandia, dove Barbe-Nicole vedrà per la prima volta la distesa d'acqua che tante volte aveva sognato.

L'istinto di questa ragazzina è predatorio. In un mondo sessista che prevede per le donne la funzione di selvaggina, lei s'immagina cacciatrice. A dieci anni scopre che con il termine "santabarbara" vengono chiamati i depositi di munizioni ed esplosivi a bordo delle navi: basta una scintilla e chi s'è visto s'è visto. Tutt'oggi santa Barbara è la patrona di artificieri e vigili del fuoco, ma non è il prudente disinnesco che seduce Barbe-Nicole in quella identificazione. Cominciano le prime detonazioni della Rivoluzione Francese e lei, con spirito preveggente, chiede ai genitori di chiamarla solo Barbara (Barbe) e non Nicole, indossando già nel nome i fulmini della storia che verrà. Intanto però, nella pace illusoria dell'aristocrazia parigina, la carriera del padre è scintillante. È amico di Talleyrand e stimato da Napoleone e grazie a quegli appoggi diventerà sindaco di Reims, ottenendo persino il titolo di barone. Questo fa di Barbe la ragazza che tutti i ricchi rampolli vogliono sposare, quella con le carte in regola per fare il migliore dei matrimoni possibili.

Come in una puntata di *Bridgerton*, la scelta è ardua e non va sbagliata. Il prescelto dalla famiglia Ponsardin è François Clicquot, coetaneo di Barbe e unico erede di un imprenditore vergognosamente ricco che ha fondato la sua azienda vinicola a Bouzy, nella Champagne francese (a una trentina di chilometri da Reims). Inutile dire che alle nozze della coppia, celebrate nel 1798, lo champagne scorrerà a fiumi. Sembra l'inizio di una vita senza spine e deve averlo pensato anche Barbe, che entra leggera con i suoi vent'anni nelle tenute di Bouzy e prova una commozione inspiegabile per la luce che al tramonto si posa sui vigneti. La bambina con le fantasie avventurose e la passione per i numeri è diventata una donna curiosa che giorno dopo giorno si muove silenziosa tra i filari delle viti del marito e impara con gli occhi, iniziando a riconoscere la giusta densità d'impianto, l'importanza del sole che riscalda la terra di un vigneto e il lavoro necessario a determinare il destino di un vino. Di domande però ne fa poche: quando prova a chiedere informazioni più dettagliate, il marito le ripete di non affaticarsi a comprendere cose fuori dalla giurisdizione di una donna. Faccia piuttosto quel che le spetta: assolvere ai compiti di una moglie, essere servizievole, occuparsi della gestione della casa e soprattutto procreare. L'anno successivo nasce la loro prima e unica figlia, Clémentine, che è ovviamente un affare di Barbe. Suo marito François non ha tempo per fare il padre, ha troppi impegni di lavoro: sta espandendo l'azienda e deve accompagnare il suo vino tra gli eserciti e le corti assetate in giro per il mondo. La vita di Barbe, fino a questo momento, ricalca quella di una qualsiasi donna della sua epoca (e, spesso, anche della nostra): all'ombra di un marito, madre, prigioniera di lusso di una casa (per quanto bella) e unica depositaria delle incombenze legate alla crescita della prole. La sua storia, se così procedesse, potrebbe anche finire qui.

Il destino però ha un altro progetto per la baronessina Ponsardin sposata Clicquot. Nel 1805, al settimo anno di matrimonio, suo marito François muore. C'è chi dice sia colpa di una febbre tifoidea, ma in molti sussurrano che si tratti in realtà di suicidio. L'unica cosa certa è che Barbe a ventisette anni si ritrova vedova e dunque sola proprietaria di un'azienda vinicola che produce 60 mila bottiglie all'anno.

Prima di proseguire con la storia di Barbe, rinfreschiamoci la memoria, e vediamo cosa dice il codice napoleonico delle donne. Innanzitutto, le considera affette da debolezza fisica e intellettuale, per questo motivo nega loro i diritti civili e politici, destinandole con il matrimonio a un passaggio di proprietà: dal padre al marito (beni compresi, che non possono essere intestati a loro). Una donna, oltre a non poter votare, non può lavorare, aprire un conto in banca o essere ammessa all'università senza il consenso del padre o del marito. Non pensiamo troppo male dei francesi: il nostro codice civile del 1865, rimasto in vigore fino al 1942, si ispirava a quello stesso codice francese del 1804. Le donne italiane non erano soggetti di diritto e in rapporto ai beni e al capitale erano anch'esse considerate al massimo proprietà, non certo proprietarie. Sarà la democrazia a cambiare le cose, ma in Francia come in Italia agli inizi dell'Ottocento la democrazia era un miraggio lontanissimo.

In quello scenario desolante la condizione di vedova presenta però qualche margine di manovra in più, specialmente se non ci sono di mezzo parenti maschi del marito. L'assenza lasciata dal consorte ha una strana particolarità: può restare tale senza che nessuno abbia nulla da ridire, anzi è visto di buon occhio che una donna rimanga fedele per sempre alla memoria di un amore scomparso. Mentre una nubile deve accasarsi quanto prima, la donna che perde il marito guadagna la libertà di essere sola e, se ci riesce, persino di utilizzare quella libertà a proprio favore. Barbe, evidentemente nata sotto una buona stella, quell'opportunità ce l'ha e si ritrova a disposizione due cose essenziali: possibilità d'azione e una grande quantità di denari che, finché tiene il cognome del marito, resteranno suoi. Non ha mai smesso di esercitarsi con i numeri che tanto le piacevano da bambina e d'improvviso capisce che quello che nella vita di qualunque donna risuonerebbe come una disgrazia, nella sua può trasformarsi in una fortuna. Ovviamente il suocero, i familiari e tutto il mondo che la circonda si aspettano che Barbe faccia quello che qualsiasi donna dovrebbe fare al suo posto: affidare la gestione dell'azienda a un uomo capace (ogni uomo è per diritto biologico "capace"), o vendere tutto e vivere di rendita. Barbe ha altri piani e va dal suocero con una proposta: gestire tutto da sola. Lui le dà una risposta non scontata per i tempi: lei potrà farlo dopo aver svolto un apprendistato e, se si sarà dimostrata efficiente, nessuno avrà nulla da ridire sulla sua presa in carico dell'azienda di famiglia.

Così Barbe indossa la sua corazza di giovane vedova e parte per la sua battaglia: trasformarsi nella prima donna imprenditrice a capo di un'azienda vinicola. Non è la sola a combattere, perché attorno a lei deflagrano guerre e terremoti di potere: a Milano viene proclamato il Regno d'Italia e Napoleone ne diventa il re, pronunciando – quando riceve la corona – la storica frase "Dio me l'ha data, guai a chi la tocca". In Europa nasce una forte coalizione antifrancese capeggiata dai britannici, alla quale aderiscono Russia, Austria e Svezia, ma Napoleone risponde stracciando le forze austro-russe con la battaglia di Austerlitz. Non è un mondo in cui c'è spazio per i deboli di cuore e Barbe per sua fortuna non lo è. Dalla sua ha i consigli di Louis Bohne, il più fidato collaboratore del marito che sa bene come muoversi: negli anni ha lenito l'arsura delle corti tedesche, inglesi, austriache e italiane ed è sempre stato incuriosito da questa giovane sposa a cui nulla sfuggiva. Grazie al supporto di Louis, che vede in lei quello che lei stessa ancora non osava essere, Barbe viene a poco a poco rispettata dai dipendenti che si appassionano a istruirla ai piaceri e ai segreti del vino. Lei li ascolta, studia per mesi e poi dà il via alla sua rivoluzione.

Inizia a introdurre significativi cambiamenti nella gestione delle vigne, affidandosi alle tecniche più moderne e al suo intuito. Il suo motto diventa: "Una sola qualità, la migliore". Per questo non ha paura di sperimentare e innovare, gettando il suo sguardo nel futuro che trasformerà una piccola azienda vinicola nella più grande Maison de Champagne. Non c'è niente di facile in quel percorso e infatti l'azienda rischia più volte il collasso: i banchieri si rifiutano di fare credito a una donna che non solo ha l'ardire di aprire un conto in banca a suo nome, ma addirittura pretende di gestire da sola un'azienda e un patrimonio considerevole. Fino a quel momento l'unico rapporto tra le donne e lo champagne era stato segnato dalle forme del seno della regina Maria Antonietta, sul quale si diceva che fossero state modellate le coppe a bocca ampia in cui veniva e viene ancora servito il nettare spumeggiante. Il seno a coppa di champagne è rimasto per due secoli la forma perfetta a cui le donne dovevano aspirare, ma Barbe mira a ben altro: le preme solo avere il denaro per riempirle, quelle dannate coppe!

Barbe vive un'esperienza di cui molte imprenditrici a tutt'oggi conoscono gli strascichi: secondo i dati di Unioncamere, attualmente le banche europee faticano ancora a fare credito alle donne perché le ritengono meno affidabili degli uomini e domandano loro garanzie in solido che agli imprenditori non vengono richieste. È un pregiudizio: le aziende a gestione femminile hanno una vita stabile sul mercato e sono quelle a maggior vivacità creativa, più sostenibili e più inclusive. La pandemia le ha sottoposte a uno stress inedito, perché le donne hanno imprese che operano soprattutto nell'ambito dei servizi, i più colpiti dai lockdown, ma nonostante questo l'imprenditorialità femminile resta una delle più affidabili. Eppure il pregiudizio resiste ed è per colpa di questa resistenza se ancora oggi le donne ricorrono meno al credito bancario e quando fanno impresa preferiscono attingere al patrimonio di famiglia, se lo hanno.

Barbe riesce a convincere quel poco di banchieri che le servono per tenere in piedi l'azienda ed è in quel momento che sceglie anche il suo nome di battaglia: firma ogni documento come Veuve Clicquot Ponsardin, rivendicando con la vedovanza un dato di fatto: "Sono l'unica Clicquot rimasta, quella con cui sarete costretti a trattare". È particolarmente significativa l'assunzione del doppio cognome, l'unione di un'assenza con una presenza, ma anche l'affermazione della sua personale identità accanto a quella di un uomo che da morto le farà da compagno molto più di quanto non avesse fatto da vivo. Audace e determinatissima, Barbe ama sperimentare, tanto che, nel 1810, sotto la sua gestione nasce il primo champagne millesimato della regione, prodotto con i vini di una singola annata (appunto, il "millesimo"). Ma è il 1811 l'anno dei prodigi: nel cielo passa la Grande Cometa, un fenomeno astronomico di cui tutto il mondo parla perché è talmente spettacolare da rimanere visibile a occhio nudo per 260 giorni. La sua coda è lunga 160 milioni di chilometri e gli astronomi scrivono che è "tanto grande da superare il sole". Per millenni, nella nostra infinita vulnerabilità, ci siamo affannati a scrutare il cielo in cerca di segni per interpretare il futuro, ma "quella enorme e brillante cometa che, a quanto si diceva, preannunciava ogni sorta di orrori e la fine del mondo", come la descriverà poi Lev Tolstoj in *Guerra e pace*, per Madame è tutto fuorché foriera di sventura. Se esiste davvero nel suo destino una buona stella, di sicuro è quella. Mentre la Russia sta per essere invasa da Napoleone, lei è in fibrillazione per un raccolto a dir poco eccezionale, per celebrare il quale deciderà di imprimere il simbolo della cometa sulle etichette delle bottiglie, come indicatore della superiorità dei suoi vini.

Non è l'unico dono che le arriva dalla cometa del 1811. Alle porte della cantina si presenta un ufficiale russo parecchio affascinante venuto in visita per conto di alcuni appassionati di vini francesi. È bello come lo saranno i principi raccontati da Tolstoj, e Barbe, pur con un marito morto, è vivissima. E dunque va bene il lutto, d'accordo il rigore e il controllo, ma a trentaquattro anni la vedova Clicquot anticipa il pensiero che poi sarà di Amanda Lear: "A cosa serve essere belli dentro se poi nessuno entra?". Così lei e quell'ufficiale brinderanno insieme e quell'amore scandaloso sarà solo una delle soddisfazioni proibite alle donne che la nostra Veuve Clicquot deciderà di prendersi dalla vita. Lo farà senza nascondersi, venendo definita spregiudicata, sfrontata e trasgressiva. Se non fosse così ricca gli aggettivi utilizzati per lei sarebbero molto più offensivi di questi, ma è al sicuro: maneggia potere e denaro, contrasta serenamente le leggi antiesportazione di Napoleone e non si preoccupa di quel che pensa la gente.

Nel 1814, infatti, complici i contatti aperti dal giovane ufficiale, mette a segno il suo colpaccio. Sfida il blocco continentale nonostante l'embargo napoleonico, noleggia una nave e riesce a contrabbandare nella Grande Madre Russia diecimila bottiglie del leggendario champagne del 1811. La corte di San Pietroburgo impazzisce per "le vin de la Comète" e diventa il suo più fedele e assetato cliente. Madame riesce nell'impresa che il marito aveva inseguito vanamente per tutta la sua (breve, va detto) vita, così adesso può intensificare i commerci con l'estero, investendo in nuovi vigneti di produzione e vedendo aumentare a dismisura i suoi ricavi. Il suo nome impresso su tutte le bottiglie diventa così proverbiale che persino Puškin la omaggia nel suo romanzo in versi *Eugenio Onegin,* in cui il giovane e annoiatissimo dandy che dà il nome al libro si risveglia dall'inedia solo per sorseggiare lo champagne di Madame Clicquot, definendolo "bevanda degli dèi". Oggi si chiamerebbe product placement, allora era la prova di una riuscita commerciale senza paragoni.

La Russia è dunque nel cuore di Madame, che molti anni dopo farà pervenire al suo ufficiale – finito chissà perché su un'isola del Mare del Nord – una cassa contenente le ultime preziose bottiglie nate nell'anno del fortunato passaggio astrale, e dunque del loro incontro. Lui le scriverà per ringraziarla: "Queste bollicine giunte dal mare, portate dalle onde, hanno del miracoloso".

Ben prima di dedicarsi a scrivere missive in memoria delle sue relazioni pericolose, Madame è concentrata a pianificare strategie di comunicazione super moderne, anticipando di almeno un secolo la nascita del marketing. La firma con cui aveva convinto i banchieri – quella col doppio cognome – diventa la sua ragione sociale. La fa imprimere sulle etichette di tutte le bottiglie, che portano così nel mondo il nome "Veuve Clicquot Ponsardin". Il logo della cometa lo ha già scelto e per rendere più arduo il compito dei contraffattori di vino – accaniti nel provare a imitare lo champagne più bevuto di tutte le Russie – aggiunge anche il marchio dell'àncora impresso sul fondo del tappo. Guerra e vino vanno insieme da che mondo è mondo, e chi produce alcolici deve mettere in campo le stesse strategie di chi blinda un castello per evitarne la presa. In mezzo ai conflitti, alle crisi economiche e ai regimi che cadono, Madame tratta personalmente con le truppe d'occupazione, fa murare gli ingressi delle caves per impedire saccheggi e razzie, congegna un sistema per sorvegliare i trasporti fino ai porti d'imbarco e bagna le alleanze e gli schieramenti donando fiumi di champagne a chiunque possa garantire protezione e particolare cura alle sue bollicine.

È instancabile: è lei a seguire i colloqui per reclutare i rappresentanti da mandare nelle capitali, è sempre lei a curare le pubbliche relazioni scrivendo di suo pugno una media di settemila lettere all'anno, è ancora lei a studiare ricette differenti a seconda dei mercati a cui sono destinate le bottiglie: in Inghilterra, per esempio, sono abituati a champagne morbidi, mentre negli Stati Uniti prediligono un gusto secco, e Madame accontenta tutta, a ciascuno il suo dosaggio perfetto, con una cura per le differenze culturali che nei secoli a venire sarà applicata da tuttə, persino dalla Coca-Cola che, come è noto, modifica la sua formula considerando i diversi gusti dei paesi in cui viene distribuita.

Nel 1816 progetta una delle sue invenzioni più intelligenti e durature, *la table de remuage*, che oggi si chiama *pupitre*, un sistema innovativo per chiarificare il vino, che consiste in una rotazione quotidiana di 90 gradi in cantina. La produzione di champagne fino a quel momento era infatti segnata dal brutto aspetto che il liquido alla fine conservava, torbido per colpa delle impurità di sedimentazione della fermentazione. Barbe vuole a tutti i costi ottenere la trasparenza e alla fine ha l'intuizione giusta. Nei piani di legno obliqui in cui infilerà le bottiglie, l'inclinazione permetterà alle impurità di sedimentare più facilmente nel collo durante l'invecchiamento del vino e i residui solidi scenderanno velocemente verso il tappo, agevolando il processo di sboccatura. La rimozione dei lieviti e del tappo provvisorio permetterà così allo champagne di mantenere la sua meravigliosa trasparenza ed effervescenza. Oggi i processi sono industrializzati, ma gli champagne ottenuti col metodo champenois sono stati chiarificati per decine d'anni con il sistema inventato dalla giovane vedova Clicquot, che ormai in Francia tuttə chiamano "la Grande Dame de la Champagne". Non paga di quel riconoscimento, nel 1818 Barbe inventerà anche il primo Champagne Rosé, assemblando vini bianchi e rossi (fino ad allora il rosé era ottenuto con l'aggiunta di bacche di sambuco alla cuvée).

Quando i venti di rivoluzione, dopo aver alimentato fiumi di sangue, si placheranno e la monarchia tornerà di moda, l'ormai matura signora Clicquot avrà un altro affare da chiudere al meglio: combinare per la figlia Clémentine, sua unica erede, un matrimonio adeguato. La farà sposare con un poeta piuttosto scalcagnato, ma blasonatissimo, il conte di Chevigné, e con gli accordi di dote espanderà l'azienda acquistando i migliori vigneti della regione. Ad aiutarla nell'ampliamento del suo raggio d'azione ci sarà un giovane stagista assunto nel 1828, tale Édouard Werlé, ventitré anni in meno di Madame, che la assisterà di giorno e soprattutto di notte. Nel 1841 lascerà a lui la direzione dell'azienda, ritirandosi dagli affari non prima di aver spronato altre due grandi vedove dello champagne, Madame Pommery e Madame Perrier, a seguire il suo esempio, convincendole a gestire in prima persona le imprese ereditate dai rispettivi mariti.

È l'ora del riposo per la nostra Veuve Clicquot Ponsardin, e per farlo sceglie il castello neorinascimentale di Boursault, che ha fatto costruire per ospitare il genero, la figlia e la nipote Marie-Clémentine, ultima di una genealogia di donne Clicquot che svolterà il secolo entrando nel Novecento. Barbe morirà tra quelle mura a quasi ottantanove anni il 29 luglio 1866, a un passo dalla nuova vendemmia, dopo aver regnato per sessant'anni e attraversato rivoluzioni, con un'azienda in grado di vendere 750 mila bottiglie all'anno di champagne.

Come i messaggi nella bottiglia che portano fino a noi desideri da geografie lontanissime, anche Madame ha voluto lasciare ai posteri un suo personalissimo pensiero: la possibilità di brindare come si deve. Nel luglio del 2010, al largo dell'arcipelago finlandese delle isole Åland, è stato infatti recuperato il relitto di una nave che aveva nelle stive un carico di champagne perfettamente conservato e griffato Clicquot. Gli abissi hanno permesso alle bottiglie destinate alla corte russa di dormire per 170 anni nel Mar Baltico, proteggendo quell'elisir ancora limpido grazie al freddo e al buio delle profondità marine. I fortunati che hanno potuto esaminare e poi assaggiare il contenuto di una delle 46 bottiglie di Veuve Clicquot hanno raccontato di un sapore più dolce e con una minor gradazione, proprio come amavano apprezzarlo i palati a cui erano destinate. Una delle bottiglie del 1841 è stata messa all'asta e acquistata per 30 mila euro: chi si è potuto permettere di farsi un regalo del genere ha in fondo bevuto la Storia, quella dell'Europa, quella del vino e soprattutto quella delle donne. La migliore delle sbornie possibili.

Beyoncé

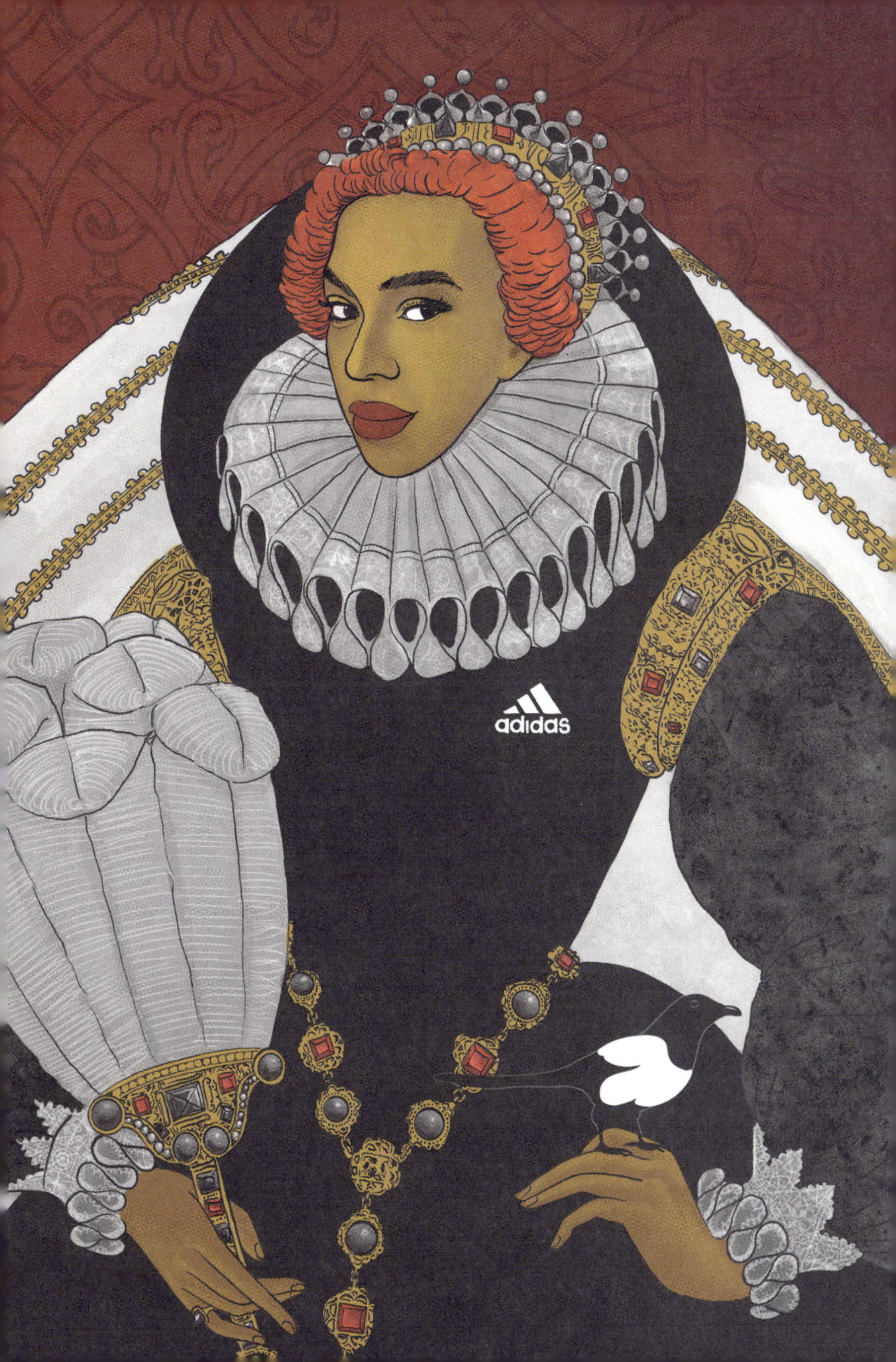
adidas

BEYONCÉ

Chesterton diceva che chi non crede in Dio non è uno che non crede più a niente, ma uno che comincia a credere a tutto. Quale delle due cose sia meglio dell'altra è soggettivo, ma bisogna ammettere che la seconda opzione – quella di credere a tutto – può essere molto più divertente della prima, non fosse altro che per la quantità di possibilità che ti mette a disposizione. Oltre ai monoteismi, ci sono infatti molti strani culti nel mondo e ogni giorno nascono neoreligioni con migliaia di adeptə di buona fantasia che ripongono ogni fiducia nella possibilità di essere salvatə da nuovi dèi, meglio se strampalati. I pastafariani, per esempio, credono nel Flying Spaghetti Monster (il Prodigioso Spaghetto Volante) e concludono le loro preghiere con "Ramen" al posto di "Amen". Ci sono poi i cultori de Gli Invisibili Unicorni Rosa o i Googleisti, convinti che il motore di ricerca che usiamo ogni giorno sia la cosa più divina che esista. Famosissimo è anche il Jedismo, la religione ispirata ai valori della setta dei cavalieri Jedi di *Star Wars*, indicata negli ultimi censimenti come scelta di fede da migliaia di inglesi, statunitensi e persino turchə.

Non sono invece in moltə a sapere che esiste un culto chiamato Beyismo, con tanto di rituali e di sede ecclesiale, che si ispira a Beyoncé Giselle Knowles, da molte donne invocata come Nostra Signora dell'autostima black. La Chiesa, fondata nel 2014 in un edificio di culto di Atlanta – la National Church of Bey –, ha regole semplici e decisamente attraenti: si pratica cantando i pezzi più famosi di Beyoncé e consultando un testo sacro chiamato *Beyble*. Se in doccia vi capita di intonare a squarciagola le note di *Single Ladies*, potreste essere membri di quella Chiesa e non saperlo, ma per chi è consapevole le cose possono essere strutturate anche più seriamente. A San Francisco è possibile incontrare la reverenda Yolanda Norton, studiosa dell'Antico Testamento e super fan di Queen B, che officia la "Messa Beyoncé" alla Grace Cathedral, radunando fedeli da ogni parte del mondo. Sul sito della Chiesa si legge che il Beyismo è un percorso spirituale di matrice *womanist*, una forma di femminismo che si discosta da quello praticato dalle donne bianche, comunque privilegiate nella società nordamericana. Attraverso il culto dedicato a Beyoncé, le donne nere imparano – sempre secondo il sito della Chiesa – "a scoprire la loro voce, rappresentano l'immagine di Dio e creano spazi per la loro liberazione". In quest'ottica i testi della cantante vengono trattati come scritture ispirate in cui è possibile trovare molti significati. E se *Flaws and All* fosse una canzone su una relazione complicata con Dio? E se *Survivor* raccontasse in realtà di come le donne nere prosperano anche se sono sottovalutate? "Beyoncé Mass" conclude il sito "è un servizio di culto femminile che utilizza la musica e la vita personale di Beyoncé come strumento per promuovere una conversazione incoraggiante sulle donne nere: le loro vite, i loro corpi e le loro voci." La reverenda Norton sostiene che sul fronte dell'empowerment il culto funzioni benissimo per le ragazze, che piangono sui versi di *Freedom* o si abbracciano cantando insieme e stabilendo relazioni fortificanti. "Rendendo centrali, in questa messa, le storie e la quotidianità delle giovani donne nere, le aiutiamo ad affermare la loro realtà in un mondo che tenta di respingerle." È un traguardo simbolico enorme. Poche artiste al mondo possono vantare questo potere ispiratore – far sentire le persone meno sole e deboli –, ma nel caso di Beyoncé funziona persino con chi non ha la pelle scura.

Beyoncé ha avuto a sua volta bisogno di essere ispirata e la sua fortuna è stata nascere in un contesto che non aspettava altro. Ha cominciato Tina, sua madre, che le ha donato un nome che si rivelerà un vero e proprio scudo con cui andare in battaglia. Beyoncé è infatti una variante del cognome della madre, preoccupata che la storia della sua famiglia andasse dispersa per colpa del fratello che non si decideva a fare figli maschi. L'attribuzione del compito di perpetuare un albero genealogico familiare, dovere che di solito non spetta alle donne, ha un carico simbolico potente, da capofamiglia, ed è proprio quello che lei diventerà, nonostante da piccola sia timida e introversa. La Beyoncé bambina non ha sogni diversi da quelli delle sue coetanee che passano il tempo davanti alla tv guardando i cartoni animati. Il suo preferito è *Jem e le Holograms*, la storia di una girl band di quattro ragazze adorate da milioni di fan, avvolte in miniabiti stretch dai colori fluo, in equilibrio su tacchi altissimi e sommerse dalla cotonatura dei loro capelli. Le immagini di quel gruppo si sedimentano negli occhi di Beyoncé e non ne usciranno più.

In quegli anni però nessuno in casa intuisce i bagliori dello spettacolo nel suo futuro. I suoi sono gente pratica. Suo padre, Mathew Knowles, lavora in una compagnia che vende attrezzature mediche e guadagna bene. La madre è proprietaria di un salone di bellezza, dove Beyoncé crescerà assorbendo i racconti delle clienti e respirando la *sisterhood*. La questione dell'aspetto fisico è infatti anche una questione politica per le donne nere che vivono in contesti dove i canoni dominanti della bellezza sono quelli decisi dai bianchi e dalle bianche. Come racconta con precisione Chimamanda Ngozi Adichie nel suo romanzo *Americanah*, la prima decisione politica che una donna nera deve prendere negli USA non riguarda il voto: riguarda i capelli. La lussureggiante esuberanza delle chiome naturali è uno dei dati che vengono inconsciamente considerati nei colloqui di assunzione, dove spesso le afrodiscendenti vengono discriminate come meno affidabili in base all'aspetto fisico. Una ragazza nera potrà quindi esibire il selvaggio riccio afro e rivendicare così la propria differenza o lisciare la chioma per tutta la vita fino a consumarla con gli acidi, per lanciare ai bianchi il messaggio rassicurante di essere addomesticata come la propria acconciatura? Nei saloni di bellezza, tra uno shampoo e una manicure, si fanno anche questi discorsi ed è in mezzo a quelle parole che Beyoncé fa sua una verità essenziale: la bellezza è un potere solo se puoi decidere quali sono i parametri della tua.

In questo processo di crescita c'è lo svantaggio aggiuntivo di una timidezza difficile da vincere. Quando miss Darlette Johnson, l'insegnante di danza, la convince a iscriversi al talent show della scuola e salire sul palco a cantare, Beyoncé si paralizza. "Ero terrorizzata e non volevo farlo, ma la maestra mi diceva: 'Su, piccola, vai là fuori'. Ricordo di aver afferrato il microfono spaventatissima, ma quando *Imagine* di John Lennon è iniziata non so che è successo. Ha semplicemente cambiato tutto." È in quest'occasione che Beyoncé, a sette anni, dirà di aver incontrato per la prima volta la sua parte più selvaggia, l'alter ego Sasha Fierce, l'unico nome che nella vita si darà da sola. Sua madre Tina, seduta tra il pubblico, guarda la figlia e dice al marito: "Chi è quella bambina?".

L'UOMO RICCO SONO IO

Il pubblico si alza in piedi per la prima delle moltissime standing ovation che le tributeranno e da quel momento il suo modo di stare al mondo e la sua vita cominciano a cambiare. Inizia a esibirsi in casa, chiedendo ai parenti che assistono alle sue performance 5 dollari ogni volta che canta. Per lei è un gioco, ma il padre è un imprenditore e i giochi degli adulti sono cose serissime. Senza dire niente a nessuno, Mathew Knowles inizia a pianificare il suo, anzi il loro futuro.

Mentre la carriera di Beyoncé getta le prime precoci basi, in casa arriva una nuova nata. È Solange e parte con il non piccolo svantaggio di avere per sorella maggiore una che a sette anni ha intorno l'aura di una potenziale star. L'adolescenza le vedrà distanti, ma nel tempo, quando l'essere sorelle per caso diventa meno importante dell'essersi poi scelte davvero, il rapporto è così cambiato che le due Knowles sono ormai inseparabili. Sarà Solange, chiusa dentro a un ascensore con il cognato Jay-Z, a fare quello che avremmo voluto fare tutte noi almeno una volta nella vita in situazioni simili: riempirlo di schiaffi e di calci per il tradimento coniugale ai danni della sorella, ormai divenuto di pubblico dominio. Ma questo punto della storia deve ancora arrivare.

Al momento, la vita di Beyoncé è scandita da viaggi e concorsi: suo padre Mathew la porta a tutte le competizioni e lei ne vince trentacinque di fila fino a quando, nel 1990, a un'audizione per una girl band incontra LaTavia Roberson. È lì che nascono le Girl's Time, un gruppo di sei ragazzine tra le quali figura anche Kelly Rowland, che si trasferirà in seguito a casa Knowles e diventerà una specie di sorella acquisita per Beyoncé. Il loro primo concerto si tiene in un asilo nido, il backstage è una stanzetta a fianco del salone centrale dove ai bambini è consentito scrivere sui muri, ed è proprio su quelle pareti che le ragazzine lasciano la firma delle Girl's Time. È un piccolo gesto *riot* capace però di contenere una forza esplosiva: vedendosi esistere su quei muri, prendono simultaneamente coscienza della loro forza. Lei ricorda l'esibizione come un'iniziazione di consapevolezza miliare: "In quel momento ho capito quanto mi piacesse essere in un gruppo. Mi dava sicurezza avere altre ragazze sul palco". Non smetterà più di farlo, anche quando il suo nome sarà così forte da poterle permettere di portarlo in giro da sola.

Le Girl's Time partecipano al talent show *Star Search*, qualcosa di simile a *X Factor*, ed è quello il passaggio tra la velleità e il vero investimento. Mathew pregusta già i contratti e vede sua figlia pronta a essere riconosciuta come una vera celebrità, ma si illude: contro ogni previsione, le sue ragazze perdono. Mentre le bambine frignano disperate, convinte che la loro carriera sia finita, Mathew capisce che bisogna fare una scelta e con uno scatto da giocatore d'azzardo decide di rilanciare, lasciando il lavoro per occuparsi a tempo pieno del futuro della figlia. La madre è preoccupata: "Non so quante persone avrebbero rinunciato a un impiego così remunerativo. Pensavo che fosse un po' impazzito. Dicevo: 'Che faremo ora?'. Il mio salone generava dei bei soldi, ma eravamo abituati a due stipendi. Tutto d'un tratto ci siamo dovuti adattare a un altro stile di vita. Ma succede sempre così, qualunque cosa lui faccia. È molto passionale".

Mathew non è solo passionale: è progettuale e addestra letteralmente la figlia a diventare una fuoriclasse. A soli dieci anni le fa macinare chilometri di corsa mentre canta. La allena a fare quello che poi le verrà facilissimo: performare con la voce mentre si esibisce in coreografie pazzesche, senza che dal suo corpo stilli una goccia di sudore. Seguono poi lezioni di danza, di camminata (con una modella ingaggiata come insegnante) e ovviamente di canto, estese a tutte le ragazze del gruppo. Le fa studiare le esibizioni di Michael e Janet Jackson, Madonna, Whitney Houston e Tina Turner. È una specie di Al Pacino in *Ogni maledetta domenica* quando mostra alla sua squadra le azioni del nemico che verrà affrontato in campo, per trovare i punti deboli, per capire le mosse vincenti.

Trent'anni dopo, prima di addormentarsi, dicono che Beyoncé faccia ancora lo stesso: studia, ma stavolta riguardando i suoi, di concerti. Cerca i piccoli errori e i gesti da correggere, perché – Leonardo da Vinci insegna – i dettagli fanno la perfezione e la perfezione non è un dettaglio. La fede nel talento di Beyoncé trasforma Mathew in quello che verrà chiamato un "papà da palco": è sempre con lei, decide tutto e sa muoversi molto bene perché, come gli piace dire di sé, è sempre stato un buon venditore.

Il limite e la forza della famiglia – due facce della stessa medaglia – nella storia di Beyoncé saranno determinanti. I costumi con cui le ragazze salgono sui palchi sono cuciti da sua madre e Beyoncé, ricevendo il Fashion Icon Award nel 2016, anni dopo ricorderà il perché: "Quando cominciammo a esibirci con le Destiny's Child i grandi marchi non volevano vestire quattro ragazze nere e formose venute dal nulla e noi non potevamo permetterci vestiti di alta moda. Mia mamma fu rifiutata da tutti gli atelier di New York. Ma come mia nonna, usò il suo talento e la sua creatività per realizzare il sogno dei suoi figli. Mia mamma e mio zio Johnny (Dio benedica la sua anima) disegnarono i nostri primi costumi e fecero ogni pezzo a mano, cucendo a una a una centinaia di perline e cristalli, mettendo passione e amore in ogni singolo dettaglio. Quando indossai quegli abiti sul palco mi sentivo come *Khaleesi*. In realtà mia madre ha disegnato anche il mio vestito da sposa, il vestito della promozione, il mio primo abito per i Council of Fashion Designers of America Awards, e la lista potrebbe continuare all'infinito. E questo, per me, è il vero potere e il potenziale della moda. Un mezzo per trovare la tua vera identità, l'espressione di se stessə, la forza. Dunque ringrazio mia mamma, mio zio, mia nonna. Grazie per avermi mostrato che avere uno stile è molto più importante dei vestiti che indossi e della bellezza fisica. Grazie per avermi insegnato a non accettare un 'no' come risposta. Grazie per avermi insegnato come rischiare, lavorare duro e vivere la vita secondo le mie regole".

Nel 1993 le Girl's Time cambiano formazione: ora sono Beyoncé, Kelly e LaTavia a cui si aggiunge LeToya Luckett. Firmano un contratto con la Elektra Records, ma le luci su di loro ancora non splendono: il lancio va male e il padre ha combinato un pasticcio con i soldi, causando alla famiglia seri problemi economici. La casa dove Beyoncé è nata e cresciuta viene venduta, i genitori si separano e lei e Solange vanno a vivere con la madre. Potrebbe essere la fine del sogno, ma Mathew ancora non molla. Continua il corteggiamento delle case discografiche e alla fine vincerà lui: otterrà l'attenzione dalla Columbia Records che porterà, nel 1997, alla firma del contratto della vita. Beyoncé ha sedici anni e il gruppo ha cambiato nome: ora sono le Destiny's Child. Un loro pezzo, *Killing Time,* viene scelto per la colonna sonora di *Men in Black.* È però con *Survivor*, uscito nel 2001, che le quattro ragazze fanno veramente il botto, e da quel momento Mathew non dovrà più convincere nessuno della solidità del suo sogno: la realtà parlerà, anzi canterà, al suo posto. Per capire la forza simbolica di quel gruppo, una vera rarità nel mondo quasi tutto al maschile delle teen band, occorre citare un episodio di quasi dieci anni prima. Nel 1993, i rapper Snoop Dogg e Dr Dre, in *Fuck Wit Dre Day (And Everybody's Celebratin')*, cantano per la prima volta la parola "bootylicious", che tradotto suona rozzo e machista. Il linguaggio della musica di strada, anche quella mainstream, lo coniano i maschi. Dieci anni dopo le Destiny's Child faranno quello che spesso le femministe fanno: riprendono la parola, che vuole essere oggettificante e insultante, e la trasformano, ribaltandone il senso. Così *Bootylicious* (fusione tra *booty*, "natiche", e *delicious*, "delizioso") pronunciato da quelle ragazze nere diventa un inno alla voluttuosità del corpo delle donne afrodiscendenti, contro il canone delle forme levigate e composte dei corpi delle modelle bianche. Oggi il neologismo è stato inserito nelle enciclopedie e persino l'Oxford Dictionary si affanna a spiegarne significato, etimologia e sinonimi.

A questo punto si potrebbe pensare che Beyoncé sia solo la figlia molto talentuosa di un uomo più ambizioso di lei, come una Steffi Graf o una Serena Williams della musica. Per certi versi è così e a quei livelli di controllo e interdipendenza ci sono solo due modi per sopravvivere a un padre manager: o ti sottometti e obbedisci, lasciandoti plasmare come una creta secondo le sue ambizioni, oppure ne prendi il posto, diventando padrona del tuo percorso. Beyoncé riuscirà a fare la seconda cosa, ma solo a trent'anni e le motivazioni non saranno nemmeno professionali. Il 2011 è l'anno in cui i suoi genitori – che dopo la separazione in seguito alla crisi economica erano tornati insieme – divorziano a causa di una scoperta che destabilizza alla radice la famiglia Knowles: il padre ha un figlio segreto, Nixon, avuto dall'attrice Alexsandra Wright, che Mathew – non proprio un campione di coraggio – nega fino all'ultimo persino di conoscere. Beyoncé si rivela una ragazza dalla morale decisamente tradizionale: una volta verificata la storia, lo licenzia in tronco. Pubblicamente dichiara: "Mi sono divisa da mio padre solo nell'ambito degli affari. Sarà mio padre per sempre e gli voglio un sacco di bene. Gli sono grata per tutto quello che mi ha insegnato". Nel privato però è furibonda. Sua madre Tina si risposerà nel 2015 con l'attore Richard Lawson (che vanta nel carnet dei suoi film cult come *Poltergeist* e la serie di fantascienza *Visitors*). I mariti si cambiano, i padri purtroppo no.

Negli anni in cui è ancora sotto la managerialità paterna, Beyoncé prova anche la carriera del cinema e la presenza scenica non le fa difetto: è Foxxy Cleopatra in *Austin Powers* e Deena Jones in *Dreamgirls*. Il problema è l'interpretazione: quando entra nell'inquadratura, la sua personalità è talmente soverchiante che non esiste possibilità di identificarla con altro personaggio che se stessa. In ogni momento ti immagini che parta in un suo passo di ballo, di quelli che fanno tremare il pavimento. Non può essere la protagonista di un film chi è così tanto protagonista di se stessa. Il cinema sarà quindi poco più che un binario morto, ma Beyoncé ha ben altre mete, e non tutte così prevedibili.

Nel 2008, quando è già una star di livello mondiale e si è appena sposata con il rapper Jay-Z, fa uno scarto artistico decisivo: esce il primo singolo estratto da *I Am... Sasha Fierce* e si intitola *If I Were a Boy*. È il suo primo testo esplicitamente femminista e lei lo rivendica cofirmandolo. La canzone suona romantica, ma le parole sono esplicite nel raccontare il diverso grado di libertà che la società concede a un uomo e a una donna.

Beyoncé canta che, se fosse un ragazzo anche solo per un giorno, si alzerebbe infilandosi addosso quello che gli pare, andrebbe a bere una birra con gli amici, correrebbe dietro a ogni ragazza che gli piace e attaccherebbe briga con chiunque senza preoccuparsi delle conseguenze, perché tanto tutti lo difenderebbero. Potrebbe semplicemente spegnere il suo telefono dicendo che è rotto, e chi chiama non avrebbe modo di controllare con chi è a letto.

Beyoncé è innamorata del marito, ma non significa che non veda la differenza tra sé e lui: pur essendo ricca, famosissima e venerata, sente di avere addosso una pressione che riguarda essenzialmente il suo essere donna. Dover essere sempre fisicamente perfetta, senza un capello fuori posto, con gli occhi di tutt∂ addosso e il giudizio mondiale sempre presente, è un peso che suo marito non deve portare. Lui può vestirsi come gli pare, perché niente di quello che indossa viene sessualizzato. Lui può spegnere il telefono per non dire con chi è, ma la società si aspetta che lei gli sia fedele anche se ha le stesse possibilità di tradire che ha lui. La frustrazione è silenziosa, ma crescente, e in un discorso pubblico sarà lei stessa, donna nera e privilegiata, a dar voce a quelle che non riescono a farsi ascoltare: "Le donne sono metà della forza lavoro americana e prendono solo il 77 per cento dello stipendio maschile. Fino a quando gli uomini non chiederanno più diritti per le proprie madri, sorelle e figlie non ci sarà mai rispetto. L'umanità ha bisogno sia dei maschi che delle femmine, allora perché siamo considerate inferiori? Dobbiamo combattere per crescere e lavorare insieme. Le donne sono più del 50 per cento della popolazione e dei votanti al mondo, dobbiamo chiedere di avere il 100 per cento delle opportunità".

Non si esprime solo con le canzoni, Beyoncé, e le sue parole sono appuntite come frecce. Nel 2020, per esempio, quando viene chiamata da Barack e Michelle Obama per il discorso tradizionale da tenere agli studenti per la cerimonia dei diplomi, fa uno speech da scossa elettrica. La pandemia l'ha costretta alla dimensione virtuale, dunque il suo intervento – diventato all'istante virale – è ancora visibile su YouTube. Beyoncé si rivolge agli studenti confessando che i pregiudizi di razza, di classe e di genere sono stati difficili da sradicare anche per lei. All'inizio della sua carriera nessuno credeva a una giovane donna che si presentava come imprenditrice di se stessa. Da adulta sarà capace di creare quello spazio che a lei fu invece negato. "Molte delle migliori menti creative, sebbene estremamente qualificate e talentuose, erano state rifiutate più e più volte come dirigenti nelle grandi società perché erano donne o per disparità razziale, e sono stata molto orgogliosa di fornire loro un posto al mio tavolo. Il settore dell'intrattenimento è ancora molto sessista: come donna non ho visto abbastanza modelli femminili che mi dessero l'opportunità di fare ciò che sapevo di dover fare. Uno degli scopi principali della mia arte per molti anni è stato mostrare la bellezza dei neri al mondo: la nostra storia e il valore delle vite nere. Alle giovani donne, le nostre future leader: so che cambierete il mondo. Siete tutto ciò di cui il mondo ha bisogno. Diventate potenti. Siate eccellenti. E ai giovani re: affidatevi alla vostra vulnerabilità e ridefinite la mascolinità. Ci sono molti modi per essere geniali. A tuttə coloro che si sentono 'diversə': se fate parte di un gruppo che non ha la possibilità di essere al centro della scena, costruite il vostro palcoscenico personale e fatevi notare. La vostra omosessualità è bella, essere neri è bello, la vostra compassione è bella, la vostra lotta per le persone che potrebbero essere diverse da voi è bella. Se siete statə chiamatə stupidə, poco attraenti, sovrappeso, indegnə, senza talento, sappiate che è successo anche a me. Spero che continuerete ad andare nel mondo e mostrare che non smetterete mai di essere voi stessə. Ora è il vostro momento, obbligatelə a vedervi."

Solo rose e ispirazione quindi per questa Morgana, che tutto quello che tocca diventa oro? Non proprio. Il suo modo di essere emancipata non piace a molte femministe americane, che l'hanno attaccata in passato e la attaccano tuttora. Per le appartenenti alla scuola teorica più radicale, la rappresentazione della donna portata da lei è mortificante, perché la ridurrebbe a oggetto da desiderare e poco più. "Per vendere si svende", questo dicono davanti alle sue mise succinte e ai suoi balletti ammiccanti. L'accusa tra le femministe è una delle più infamanti: pinkwashing, fare finta di essere militante per prendersi la fetta di mercato sensibile al tema. Nel 2014, la scrittrice, attivista e femminista statunitense Bell Hooks, dopo aver visto la sua copertina sul "Time" (Beyoncé radiosa in reggiseno e culotte bianche a vita alta, con una maglietta trasparente a scoprire strategicamente il tutto), la definisce una "terrorista", poiché con quell'immagine esteticizzata attenterebbe a tutti i traguardi faticosamente guadagnati fino a quel momento dalle donne nere e si rende complice del sistema patriarcale. Beyoncé dovrà portare la colpa di incarnare l'idea di donna nera desiderabile dal punto di vista dominante dei bianchi e nel rivolgerle quest'accusa Bell Hooks non le risparmia nulla: "Mettere in mostra dei bei corpi di donne nere non contribuisce a creare una cultura equa di benessere, in cui le donne nere si possano realizzare ed essere davvero rispettate". Non tutte la pensano come lei, però. Moltissime altre – non solo quelle che frequentano la chiesa dove si celebra il culto a lei dedicato – vedono in Beyoncé la promotrice di una sorellanza che si è presa il potere, sfidando tuttə a guardare con occhi diversi il corpo delle donne nere. Essere bellissime, sexy e super femminili non toglie serietà alle donne o al loro pensiero. Janet Mock, altra importante scrittrice, attivista, regista e produttrice, interviene infatti scrivendo: "Il modo in cui ci presentiamo non è un'unità di misura della nostra credibilità. Queste classifiche di rispettabilità che generazioni di femministe hanno fatto proprie non ci salveranno dalla visione patriarcale del mondo".

Chiunque scelga la via dell'attivismo femminista impara molto presto che non si tratta di una strada comoda e che attira addosso molte antipatie. Beyoncé non se n'è preoccupata e anzi ha marcato con crescente decisione il suo posizionamento sul tema, fino a esplicitarlo nel suo lavoro. In *Flawless* sceglie di campionare una frase della scrittrice nigeriana Chimamanda Ngozi Adichie, pronunciata nel discorso "We should all be feminists", dal contenuto così chiaro da essere quasi un manifesto: "Insegniamo alle ragazze a farsi piccole, quasi a nascondersi. Diciamo alle bambine: Puoi avere ambizioni, ma non troppe. Punta al successo, ma non esagerare, altrimenti potresti minacciare l'uomo. In quanto donna devo aspirare al matrimonio come fonte di gioia e amore, ma perché questo non viene insegnato anche agli uomini?". Milioni di giovani uomini e giovani donne in tutto il mondo ripetono le parole di Chimamanda, la scrittrice che ha definito i ruoli sociali "gabbie" pericolose soprattutto per le donne, considerate inferiori da un punto di vista sociale, economico, politico. La Single Lady, la sgallettata che in body nero e tacchi a spillo suggeriva ammiccante alle amiche di farsi mettere un anello al dito quanto prima, è decisamente cresciuta, e se le dure e pure storcono il naso a lei non importa.

Ci sono ambienti sociali in cui può fare di più una canzone di Beyoncé per l'autodeterminazione di una donna che tanti discorsi strutturati, esattamente come in Italia può far più una Chiara Ferragni che parla di patriarcato e di revenge porn in un video su Instagram che non mille saggi che le sue follower comunque non leggerebbero mai. Beyoncé è un tipo molto preciso di femminista: è intersezionale. Per lei la questione del genere si intreccia sempre con quella razziale e con quella economica. Da donna ricchissima dello star system – con un patrimonio personale di 400 milioni di dollari – ricorderà costantemente alle ragazze di lottare per l'autonomia lavorativa e la parità retributiva. Politicamente non ha mai avuto paura di schierarsi: è democratica, ha cantato lei dal vivo il brano del primo ballo da coppia presidenziale degli Obama e alle ultime elezioni ha fatto sapere forte e chiaro per chi avrebbe votato: la mascherina che indossava aveva il logo di Joe Biden e della sua candidata vicepresidente Kamala Harris. La questione razziale fa parte di questo discorso, ma in USA ciò significa dividere il pubblico. Se è vero che molte donne nere guardano a lei per derivarne un modello di ispirazione, è altrettanto vero che la forza e l'energia che lei attribuisce al poderoso alter ego Sasha Fierce spaventano la parte di mondo bianco che vorrebbe ballare i suoi pezzi senza doverla temere troppo come figura politicamente ispirante. Lei non scende da questa posizione intermedia, perché è esattamente in quella zona d'ombra che sente di poter essere più efficace.

Dal palco del festival di Coachella si presenta potente davanti al pubblico in estasi: "Grazie per avermi permesso di essere la prima donna nera a esibirsi come leader" grida mentre indossa una corona, un mantello con l'effige di Nefertiti e scende le scale di una piramide. Per il resto del concerto si presenterà vestita di una precisa sfumatura di giallo: quella dell'Alpha Phi Alpha Fraternity, la prima confraternita universitaria afroamericana degli Stati Uniti. Canta *Lift Every Voice and Sing*, l'inno nazionale degli afroamericani, poi fa sparare a tutto volume le parole di Malcolm X e di Chimamanda Ngozi Adichie, e al contempo ringrazia tutte le donne che hanno aperto una strada pagando un prezzo altissimo, così permettendo anche a lei di arrivare lì. Chiama infine le sue donne sul palco: la sorella Solange, le Destiny's Child, Kelly Rowland e Michelle Williams e poi sì, c'è spazio anche per Jay-Z.

Quell'orgoglio nero dovrà difenderlo, però. Quando viene scritturata come testimonial per L'Oréal, i pubblicitari la imbiondiscono e la sbiancano al punto da renderla quasi irriconoscibile. Nel 2013 H&M prova a fare lo stesso e un episodio analogo si verificherà quando viene realizzata la sua statua clone di cera per il museo di Madame Tussauds: la riproduzione è la versione pallida e caucasica di una Beyoncé nella quale i tratti negroidi del volto e del corpo sono stati addolciti fino a scomparire. In entrambe le circostanze dovrà intervenire personalmente per farsi restituire colore e somiglianza, ma come tutte le donne dovrà convivere con le sue contraddizioni: talvolta è stata lei stessa a modificare gli scatti privati per sembrare più chiara o limare il profilo afro delle sue cosce forti, a comprova che non basta essere ricche e venerate per mettere da parte i condizionamenti culturali accumulati in tante generazioni.

Ricca e venerata però lo rimane. Con ventotto statuette, è la cantante donna più premiata della storia dei Grammy Awards. Ha creato un ente di beneficenza che porta il suo nome, BeyGOOD, che dona borse di studio universitarie, e da anni si adopera per garantire l'acqua potabile nelle aree del Burundi più difficili da raggiungere. Nell'arco della pandemia ha fatto quello che non hanno fatto molti stati: fornire test e assistenza per le categorie più svantaggiate dall'impatto col coronavirus. Durante il primo lockdown ha donato 6 milioni di dollari a servizi di salute mentale.

Lo snodo politicamente più rilevante nella carriera di Beyoncé è però anche quello più personale: il matrimonio con Jay-Z. La famiglia Carter Knowles nelle premesse si può definire tradizionale nel senso più patriarcale del termine: c'è la coppia eteronormata e tre bambini, c'è la pletora di parenti coinvolti, tanto nel business quanto nella vita privata, la scenata *coram populo* per il tradimento coniugale, il concetto stesso di fedeltà violata e la ricchezza capitalista dello star system portati all'ennesima potenza dentro a una relazione che è anche una premiata ditta di business. Cosa rompe questo schema tutto sommato rigido? Lo infrange la stessa Beyoncé facendo qualcosa di imprevedibile. Se abbiamo visto lei e Jay-Z diventare l'opera d'arte che celebra la loro unione nel video di *Everything Is Love* girato nel 2018 all'interno del museo del Louvre, lo abbiamo fatto sapendo che quei fotogrammi patinati sono la fine di un percorso a ostacoli dove l'amore ha dovuto prima passare per il tradimento, la denuncia, la confessione, le scuse ripetute e forse, se dobbiamo proprio crederci, il perdono. Jay-Z è infatti un traditore seriale, un uomo di potere che non ha bisogno di risultare particolarmente attraente, e pur essendo sposato con una donna universalmente riconosciuta come talentuosa e bellissima, si è spesso distratto dalle sue promesse di fedeltà, imponendo a Beyoncé di scegliere come reagire, anche pubblicamente, a quella che per molte è semplicemente un'umiliazione.

Le donne alle quali va in crisi un matrimonio in cui esse sono la parte più povera hanno due scelte, entrambe dolorose: ingoiare i tradimenti oppure divorziare, rischiando lunghe battaglie giudiziarie per ottenere il mantenimento. Beyoncé non ha alcuna dipendenza economica che le imponga di non lasciare l'uomo traditore. Potrebbe divorziare persino prendendosi il lusso di non fare guerre per i soldi con il padre dei suoi figli, dato che tra i due conti correnti probabilmente è il suo il più pingue. Ciò nonostante, lei sceglie di restare. Quello che ha vissuto potrebbe somigliare in parte alla vicenda pubblica e privata della famiglia Clinton, ma lei, pur restando col marito, non lascerà che il perdono arrivi a Jay-Z come una concessione magnanima data in privato. Elabora il dolore con l'arte e lo restituisce pubblicamente, proprio come pubblico è stato il tradimento. Nella migliore tradizione del femminismo, Beyoncé trasforma il personale in politico, partendo dal suo dolore e dal suo senso di sconfitta per investigare la differenza di genere e arrivare a un ripensamento di ruolo come donna e come moglie. La scelta di Beyoncé di restare accanto a Jay-Z non somiglia per niente a quella di Hillary che perdona Bill dopo lo scandalo Lewinsky. Hillary ha preso il personale che era rovinosamente diventato pubblico e lo ha riportato al privato, lo spazio di cui non si deve dare conto, quindi all'impolitico per eccellenza.

Sui tradimenti di Jay-Z, Beyoncé comporrà invece un album intero, *Lemonade*, furibondo ed esplicito, iperpolitico, con suoni nuovi rispetto al suo passato musicale e testi e video incendiari che sono una vera dichiarazione di guerra. Il sottotesto è esplicito: se non puoi sopportarlo su di te, allora fallo diventare una cosa di tutti. Jay-Z per contro scrive a sua volta testi su testi in cui chiede scusa pubblicamente alla moglie, ma passeranno lunghi mesi di tensione prima che le molte distrazioni di cui è accusato passino in secondo piano. La sua fortuna di marito dipenderà alla fine dal fatto che Beyoncé ha scelto di costruire con lui una famiglia e non ha alcuna intenzione di perderla. Forse non più l'amore, ma di sicuro tre figli, anni di lavoro insieme e una crisi importante trasformata in musica fanno oggi dei coniugi Carter una delle *power couple* più forti dello star system mondiale.

Cosa abbia dovuto ingoiare Beyoncé lo sappiamo, perché ce lo ha detto a ritmo di R&B, ma la sua vicenda personale è paradigmatica per molte donne. La pretesa di fedeltà coniugale è un retaggio patriarcale che appartiene ancora a tutte noi e le conseguenze della sua violazione non sono mai del tutto slegate dalle condizioni economiche in cui si consuma il cosiddetto tradimento. Ogni giorno l'infrazione della fedeltà coniugale presenta un prezzo a tutte le coppie del mondo, ma a pagarlo sono soprattutto le donne, spesso il soggetto economicamente più debole del ménage, perché a differenza di Beyoncé non hanno nemmeno l'arma di poter trasformare le corna in un atto artistico che le renda, se non più amate, almeno più ricche. Beyoncé, al netto della sua sofferenza, ha indicato una direzione importante a tutte le ragazze: preoccupatevi prima di tutto di rendervi autonome economicamente, perché gli uomini possono anche rivelarsi inaffidabili, ma il denaro non lo è mai.

Chiara Lubich

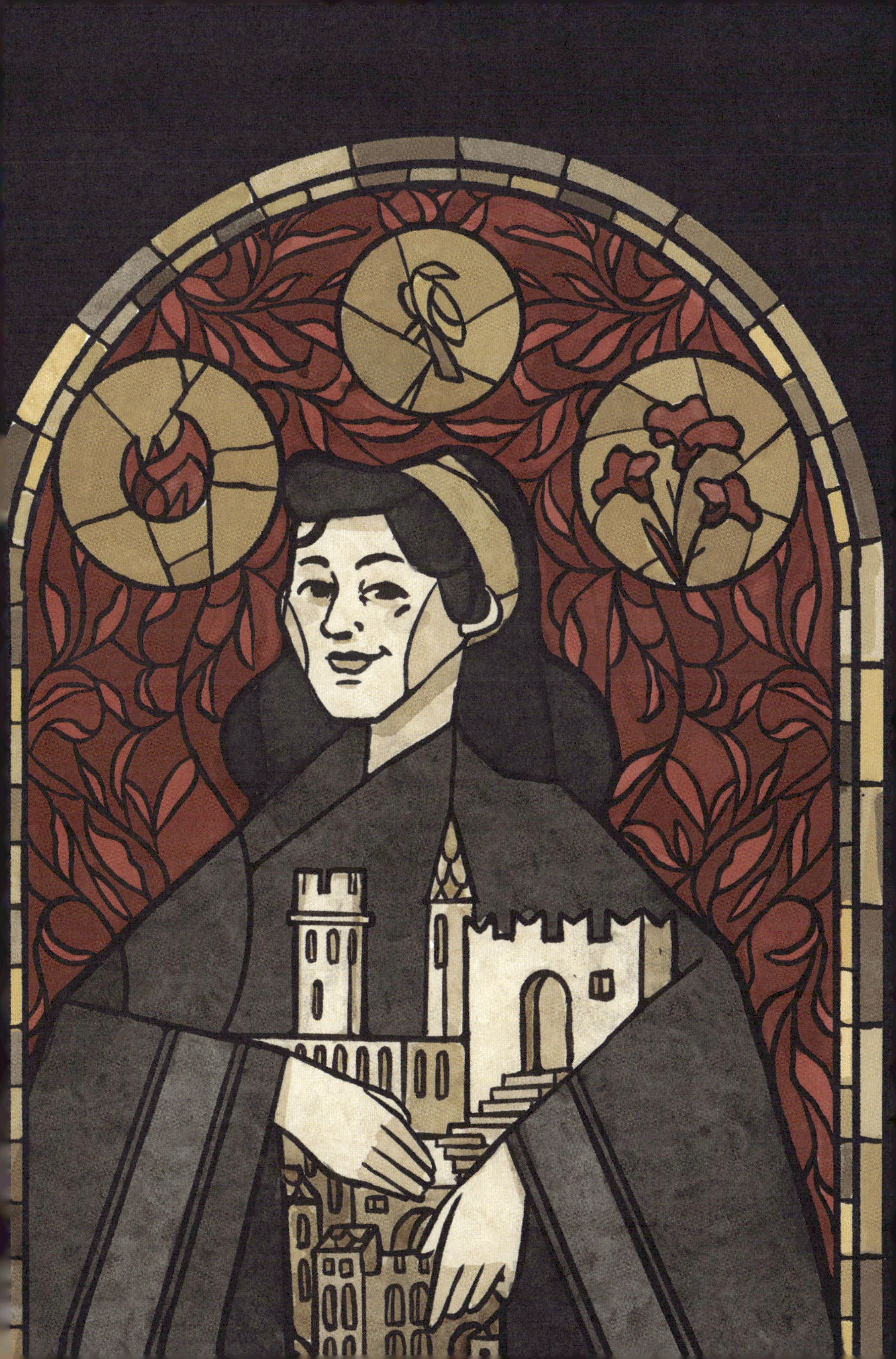

CHIARA LUBICH

Vi è capitato di domandarvi quando abbiamo smesso di fondare nuove città? La risposta è mai. In Italia nel Novecento furono fondate dal nulla, oltre a quelle sorte per decisione del governo fascista, sette nuove cittadine. Quattro nacquero per offrire riparo e radici agli scampati a qualche disastro ambientale (terremoti, smottamenti o alluvioni), due sorsero per ragioni di organizzazione economica, create rispettivamente dall'Eni e dall'imprenditore Renzo Zingone, e due furono create da ispiratori di movimenti religiosi. Tra queste ultime c'è la cittadella di Loppiano, frazione del comune di Figline e Incisa in Valdarno, ed è tuttora l'unico centro urbano che sia stato mai fondato da una donna. Quella donna si chiamava Silvia Lubich e fondare città non è nemmeno la cosa più strana che abbia fatto nei suoi ottantotto anni di vita. Nata mentre sorgevano i nazifascismi e cresciuta sotto una pioggia di bombe e pregiudizi, Silvia Lubich tenterà le due rivoluzioni più difficili: cambiare il mondo, gettando le basi di un nuovo modello dello stare insieme, e cambiare da dentro la Chiesa cattolica, un'istituzione millenaria da sempre flessibile nei rapporti con i contesti e i tempi in cui ha operato, ma assolutamente rigida nella propria struttura interna.

Silvia Lubich, che vent'anni dopo assumerà il nome di Chiara in onore alla santa di Assisi, nasce a Trento nel 1920 da una madre cattolica e un padre socialista antifascista, la peggiore combinazione familiare di sempre per offrire ai figli un'infanzia serena negli anni in cui Mussolini saliva al potere e stroncava a uno a uno i suoi oppositori. Il padre, tipografo di un giornale di opposizione che presto viene chiuso dal regime, rifiuta la tessera del partito fascista e, costretto a fare lavori saltuari, cresce i quattro figli in un mare di stenti.

A quindici anni Chiara entra nell'Azione Cattolica e in brevissimo tempo diventa dirigente giovanile diocesana. È una ragazza molto bella: ha un sorriso che propaga luce e i capelli folti, che spesso porta raccolti in foulard o domati da cerchietti, perché tutto quello che emana da lei è personificazione di ordine. È la più volitiva fra le sorelle e i fratelli, quindi la più frustrata. Desidera studiare e dopo il diploma sogna di fare filosofia all'università veneziana di Ca' Foscari, ma è troppo povera e per un punto in graduatoria non accede nemmeno alla borsa di studio. Delusa, ma caparbia, decide di mettere da parte i soldi necessari a pagarsi gli studi universitari: per tre anni divide il suo tempo tra le lezioni private e l'insegnamento in alcune scuole elementari delle valli del Trentino e in quella dell'orfanotrofio di Cognola, gestito dai frati minori cappuccini. Proprio qui, nel 1942, incontrerà per la prima volta padre Casimiro Bonetti, che diverrà una figura fondamentale nel suo percorso. Quando finalmente Chiara ha raggiunto la cifra sufficiente per accedere a Ca' Foscari, scoppia la Seconda guerra mondiale e deve dire per sempre addio all'università. La figlia del tipografo antifascista, che da adulta riceverà sedici lauree honoris causa dai più prestigiosi atenei nelle svariate discipline dello scibile – dalle scienze sociali a quelle della comunicazione, dall'economia alla filosofia – non riprenderà mai più gli studi.

Dopo l'armistizio, per i trentini antifascisti comincia un periodo infernale: la città viene infatti occupata dalle forze naziste e annessa al Terzo Reich. Uno dei fratelli di Chiara si unirà alla resistenza, ma verrà preso e torturato insieme ad altri partigiani. Per lei è uno shock che la costringe a ripensare il senso della propria vita. Già religiosa nell'accezione più radicale del termine, Chiara matura sotto le bombe una strana vocazione di cui ancora non capisce la direzione. Sa solo che deve consacrarsi e a modo suo lo fa: nel 1943 in una cappella dei frati cappuccini fa voto segreto di castità e decide che la sua vita non sarà dedicata a un marito o a una nidiata di figlia, ma al Vangelo. Ci si aspetterebbe che entri in un convento e la possibilità di scelta non manca di certo, tanto che nella Chiesa si dice scherzosamente che il sonno del papa sia turbato solo da tre dubbi: cosa pensino i gesuiti, dove trovino i soldi i salesiani e quanti siano gli ordini religiosi femminili. Chiara però non si rivolge a nessuna delle famiglie religiose esistenti, che la allontanerebbero fisicamente da un mondo al quale sente comunque di voler appartenere. Percepisce di avere un carisma diverso e, anche se non sa definirlo, lo agisce da subito, segnando una differenza che risulta evidente anche se non è marcata da un abito specifico o da una regola approvata. Invece di legarsi alla vita la corda coi tre nodi che richiamano i voti francescani di povertà, castità e obbedienza, davanti all'altare a cui si promette lascia in dono, come un'offerta votiva, tre garofani rossi. Solo il suo direttore spirituale, padre Casimiro Bonetti, assiste a quel gesto e conosce la sua determinazione. "Non voleva farsi suora" raccontò poi lui, "desiderava offrirsi a Dio restando laica. Io le chiesi di pensarci bene, le dissi che poi, se avesse cambiato idea, solo il Santo Padre avrebbe potuto scioglierla dal voto, ma lei era raggiante. Mi raccontò che suo fratello, medico e comunista, le aveva trovato un bravo collega d'ospedale come marito, ma che lei ormai apparteneva a Dio e, come Francesco, voleva amarlo attraverso i fratelli."

Potrebbe restare una scelta intima, ma Chiara non ha nessuna intenzione di tenerla segreta. A Trento del resto conoscono tutti quella ragazza minuta e carismatica che si rimbocca le maniche appena serve aiuto, a cominciare dai poveri decuplicati dalla guerra. A seguire il suo esempio sono in tante, soprattutto un gruppo di coetanee che inizia a guardare a lei come una guida e un'ispirazione. In breve diventano più di duecento e quel carico simbolico è una responsabilità enorme per una ragazza di appena ventitré anni, ma sotto la guerra la gioventù è un lusso che nessuno può più permettersi, mentre la necessità della ricostruzione e i bisogni creati dalla distruzione precedente chiamano tutte a fare scelte adulte. Per questa ragione, quando la casa di famiglia sarà devastata e i familiari di Chiara decideranno di sfollare in montagna insieme a centinaia di altre persone, lei non si unirà a loro: il suo tempo per essere figlia è finito. Decide invece di restare in città e continuare a organizzare la rete solidale che ha creato.

Per prima cosa compatta le compagne sotto uno stesso tetto, dando vita al primo di quelli che poi saranno chiamati in tutto il mondo "focolari": le persone che li animeranno prenderanno in seguito il nome di focolarine. Potrebbe essere quello il seme di un nuovo ordine di suore – del resto sono tutte donne –, ma Chiara ha in testa altro. Quello che fa e come lo fa non attira infatti solo ragazze desiderose di consacrarsi a un ideale, ma anche giovani uomini e persino persone sposate, categorie troppo eterogenee per essere inquadrate in un ordine religioso. Qualunque cosa Chiara Lubich voglia fare, non somiglia a niente di quello che già esiste nella Chiesa. Nel 1977, al Congresso eucaristico di Pescara, Chiara dirà: "La penna non sa quello che dovrà scrivere, il pennello non sa quello che dovrà dipingere e lo scalpello non sa ciò che dovrà scolpire. Quando Dio prende in mano una creatura per far sorgere nella Chiesa qualche sua opera, la persona scelta non sa quello che dovrà fare. È uno strumento. E questo, penso, può essere il caso mio".

Come tutte le realtà nuove, presto la piccola comunità che si raduna intorno al suo focolare si attira le critiche e i sospetti. Ci sono troppe cose diverse da quello che i credenti di parrocchia sono abituati a vedere, e il Concilio Vaticano II, con il suo vento di rinnovamento, è ancora molto distante. Avere i beni in comune in quel momento è problematico, perché fa sorgere intorno ai focolarini l'accusa di comunismo. In un paese che cerca di organizzare la sua rinascita evitando di cadere con entrambi i piedi dentro una delle ideologie contrapposte del Novecento, non è un'accusa da niente. Il problema più grosso però è rappresentato dal fatto di far convivere membri di entrambi i sessi. L'idea che ragazzi e ragazze condividano lo stesso tetto suscita voci pruriginose sull'effettiva pratica morale del gruppo. Inoltre, quello che Chiara sostiene non è facilmente comprensibile nel contesto socio-culturale del tempo. Parla di unità del genere umano, di un legame che superi le differenze di razza e religione e di un Dio che è essenzialmente amore, cose molto difficili da capire in un'Europa che si scannava sui confini e sulla razza e in un'Italia che usciva da vent'anni di fascismo, la dittatura che della religione cristiana aveva fatto proprio solo quello che poteva usare come arma retorica. La stessa Chiesa, realtà umana tanto quanto spirituale, non era uscita indenne da quella esperienza politica, che aveva sporcato anche il suo linguaggio: mentre Chiara parla di Cristo Amore, nelle parrocchie si festeggia piuttosto il Cristo Re, e l'autore dell'inno dell'Azione Cattolica è lo stesso che aveva composto *Faccetta nera*. In quello spicchio di secolo l'ecumenismo non esiste ancora e il dialogo tra le religioni e le culture è semplicemente impensabile. Bisognerà aspettare il 1962, cioè l'apertura del Concilio Vaticano II, per sentire pronunciare dalla bocca dei cardinali di Santa Romana Chiesa quello che Chiara già sussurrava alle compagne e ai compagni nei rifugi antiaerei e nelle abitazioni dove si riunivano per organizzare la loro attività.

Come spesso accade a chi apre una pista per primə, il cammino dei focolarini comincia in modo faticoso e incontra subito il più duro degli ostacoli: il Sant'Uffizio. Oggi il nome di questo particolare ministero vaticano è il molto più pomposo "Sacra Congregazione per la Dottrina della Fede", ma negli anni in cui Chiara Lubich tenta la sua rivoluzione, l'istituzione che controlla l'ortodossia dei messaggi religiosi che vogliono presentarsi come interni alla Chiesa cattolica si chiama ancora come nel Medioevo, quando chiunque praticasse una teologia non ufficiale rischiava il titolo di eretico e il corredo pericolosissimo di una persecuzione ai suoi danni. Attirare l'attenzione di un organo come quello non è un buon segno neanche nel Novecento, e Chiara lo sa perfettamente, ma la sua battaglia spirituale è per la Chiesa, non contro di essa, e dopo la blanda approvazione vescovile del movimento, la giovanissima trentina si dispone a sostenere il vero confronto fatale, quello da cui la sua idea può uscire distrutta o riconosciuta. Per tredici lunghi anni – tra il 1951 e il 1964 – i Focolari vengono dunque messi sotto la lente di ingrandimento del temibile ufficio vaticano e a passare al setaccio non sarà solo l'ortodossia del messaggio, ma anche la moralità della vita privata di Chiara, messa in dubbio da continue calunnie. È un periodo durissimo per lei e modificherà per sempre il suo carattere. La pressione è tale che arriverà fino a dimettersi dalla guida del movimento, temendo che sia la sua persona il principale ostacolo alla concessione del nulla osta papale.

Non deve stupire la severità con cui la Chiesa mette alla prova i suoi mistici. La prudenza sospettosa è prassi verso qualunque fenomeno carismatico interno che si manifesti con tratti non conformi alla tradizione. La Chiesa cattolica è sopravvissuta alle eresie dei primi secoli e a due grandi scismi negli ultimi, e non è inutile sottolineare come tutte queste divisioni siano nate sempre dal pensiero di prelati, teologi e figure carismatiche; non è quindi per nulla strano che il governo papale guardi sempre con estrema cautela alle variabili spirituali che possiedano al contempo una forte attrattiva popolare e un'apparente ortodossia. La metà del Novecento è un periodo in cui il fermento spirituale è paragonabile per vivacità solo a quello che nel Medioevo portò alla nascita di decine di esperienze religiose comunitarie o eremitali. Ogni giorno in seno alla Chiesa nasceva un nuovo movimento, e tutelare la continuità del messaggio (e del potere a esso connesso) era una mera questione di sopravvivenza.

In quello scenario agitato, Chiara Lubich ha i connotati di un vero rebus. È donna, e questo è già un problema in più in una struttura dove il potere, anche quello dei carismi, si tramanda da secoli per mani prevalentemente maschili. È consacrata, ma non suora: ha fatto tutto da sola e la disintermediazione gerarchica è un altro atto che suscita diffidenza e sospetto. La struttura del suo movimento poi non è facilmente inquadrabile per categorie, perché Chiara è seguita da donne, ma anche da uomini, da vergini con desiderio di consacrazione, ma anche da persone sposate che si avvicinano come coppie. Il carattere dei Focolari non è quindi conventuale nel senso logistico e organizzativo, ma come nei conventi i membri mettono i beni in comune. Il fatto che questi beni non siano pochi crea da subito una necessità di verifica a cui Chiara Lubich e l'intero movimento vengono sottoposti. Dopo più di dieci anni di osservazione a dir poco meticolosa, c'è il rischio di uscirne anticlericali. Chiara però resiste e alla fine la sua tenacia vincerà sulle diffidenze gerarchiche.

Nel 1964 il movimento riceve la tanto sognata approvazione pontificia e da quel momento accade quello che spesso succede alle spiritualità perseguitate: la tranquillità sopraggiunta genera una strepitosa fioritura. Non è la sola, infatti, a godere di quella vittoria. Dopo essersi trasferita da Trento a Roma per seguire meglio l'evoluzione del movimento, nel 1948 Lubich ha conosciuto infatti Igino Giordani, un uomo di grande intelligenza che fa il deputato, lo scrittore, il giornalista e il padre di quattro figlia. Giordani è fulminato dal carisma di quella ragazza trentina e si mette completamente a servizio della sua idea di Chiesa, ma anche di mondo. Sarà considerato con lei il pioniere dell'ecumenismo, il pensiero spirituale che cerca i punti di unità tra le fedi cristiane e non. Giordani è solo il primo di molti uomini e donne sposata che si avvicineranno al movimento, ma Chiara lo riconoscerà sempre come co-fondatore. Non è il solo a essere incluso al vertice dei Focolari, perché Lubich – diversamente da molta iniziatori e iniziatrici di movimenti religiosi – è una donna che ha un'idea di leadership condivisa.

Lo proverà più volte, anche l'anno dopo, quando incontrerà Pasquale Foresi – un ventenne di Pistoia tormentato da una profonda ricerca interiore – e lo coinvolgerà al punto che il giovane toscano diventerà il più stretto dei suoi collaboratori e vivrà accanto a lei il lungo travaglio delle indagini del Sant'Uffizio.

A statuto approvato – e scomunica scongiurata – il movimento fondato da Chiara risulta per i fedeli e i sacerdoti talmente nuovo e attraente da diffondersi in un lampo in giro per il mondo, tanto che nel 1967 è già presente nei cinque continenti. Chiara si rivela una leader instancabile, investendo la sua energia su decine di fronti. Si occupa per prima cosa di quello che definirà "il debito che l'Europa colonizzatrice ha nei confronti dell'Africa" – una dicitura che a molta suona più politica che religiosa – e manderà in Camerun e in altri paesi infermiera e medica, costruendo ospedali e praticando il rispetto culturale come metodo. Il Vecchio Continente, col suo portato storico colonialista, è ancora fortemente etnocentrico, convinto di divulgare nel mondo una cultura superiore, in confronto alla quale ogni esperienza sociale non europea viene letta come uno stadio di umanità sottosviluppato e barbarico. Chiara ha un approccio completamente opposto, e questo permette alla spiritualità dei Focolari di farsi aprire porte che per altri soggetti religiosi si sono già chiuse da tempo. Se un occhio guarda all'Africa, l'altro resta saldamente puntato sull'Europa, dove le ferite della Seconda guerra mondiale rischiano di infettarsi e dar vita a nuovi conflitti. Lubich si interesserà di ogni attrito nei paesi dell'Est, dall'Ungheria alla Cecoslovacchia, gettando i semi del movimento anche oltre il muro della DDR, e svilupperà progetti per tutti i contesti sociali infragiliti, dalle famiglie ai bimbi orfani, dai giovani prossimi alle rivolte del Sessantotto fino ai religiosi e ai consacrati che attraversano personali crisi di fede. Ogni suo gesto dimostra un'intuizione ampia, perché non ha uno specifico. La specializzazione di Chiara è l'umanità e questo comporta una spinta riformatrice totale non solo della Chiesa, ma del mondo medesimo, senza esclusione di ambiti e di competenze. Per una parte del mondo cristiano conservatore questa forza agita a trecentosessanta gradi è destabilizzante e continua a suscitare reazioni ostili a dispetto dell'approvazione pontificia. Lubich ha molti nemici e le piovono addosso valanghe di critiche, tra le quali domina quella di essere più una politica rivolta alle cose del mondo che una mistica con gli occhi alla croce. Per Chiara il crocefisso però non è di legno, ma di carne, e il suo modo di essere fedele a Cristo è quello di restare fedele ai bisogni umani, dai più elementari ai più profondi. In quel mare di ostilità non rallenta dunque la rotta neppure un attimo, puntando dritta a ciò che sente essere il suo vero obiettivo.

Prima che John Lennon componesse i versi immortali di *Imagine*, chiedendoci di sognare un mondo senza patrie, Chiara Lubich si presentava davanti ai vescovi per fare discorsi come questo: "È arrivato il momento in cui la patria altrui va amata come la propria. Oggi i tempi domandano una coscienza sociale che non solo edifichi la propria terra, ma aiuti l'edificazione di quelle altrui". Questa visione no-borders era come fumo negli occhi per i nazionalisti di ieri, ma lo sarebbe anche per le politiche dei porti chiusi tanto care a quelli di oggi. I sospetti dei detrattori si concentrano, oltre che sul mondialismo e la tensione all'unità, anche sull'ecumenismo. I contatti di Chiara con le Chiese cristiane scismatiche, il dialogo con la comunità ebraica e con quella musulmana e persino l'apertura ai non credenti risultano in quegli anni insopportabili per chi ha sempre ritenuto che il cristianesimo per imporsi dovesse opporsi alle altre fedi. Lubich incontrerà diecimila buddisti in Giappone e in Thailandia, sarà la prima donna bianca non musulmana a parlare nella moschea di Harlem a New York, e nel 1997 – nel Palazzo di Vetro dell'Onu – illuminerà i grandi della terra con la sua idea di unità dei popoli e delle civiltà, proponendo il tema della fraternità universale.

Le esperienze di condivisione e unità che il movimento dei Focolari mette in atto in tutto il mondo le attirano le accuse di voler togliere specificità al cattolicesimo fondendo tutte le religioni in un'unica spiritualità senza carattere. Da queste accuse Chiara si difende con i fatti, coinvolgendo nel suo percorso milioni di persone in tutto il mondo, ma bisognerà aspettare i documenti del Vaticano II per dimostrare agli scettici la preveggenza della sua illuminazione. La fonte della sua ispirazione è una frase di Gesù, un versetto del Vangelo di Giovanni, che però per lei diventa elemento portante di tutta la sua instancabile azione pastorale: "Padre santo, conserva nel tuo nome quelli che tu mi hai dato, affinché siano uno, come noi". Che siano uno, *ut unum sint*, è per Chiara una priorità superiore a tutte le altre. Non le interessa ribadire le differenze e le specialità, perché è la vita stessa ad averle dimostrato prestissimo, anche con la guerra, a quali estreme conseguenze porti il volersi definire per contrapposizione.

Molti anni dopo, nel 1986, sarà Giovanni Paolo II a riconoscere la profezia di questa visione, convocando ad Assisi lo storico incontro di preghiera per la pace nel mondo tra i leader di tutte le religioni, comprese quelle non monoteiste. L'immagine del pontefice cattolico, dei patriarchi ortodossi, dei pastori riformati, del Dalai Lama, dei rabbini e degli imam in piedi a pregare sulla spianata della basilica assisana è una delle grandi scene iconiche del Novecento, e per Chiara Lubich essere arrivata a vederla con i propri occhi dev'essere stata una delle cose più belle della vita.

La parte più genialmente innovativa dell'attività di Chiara è però legata a quanto di meno spirituale possa esistere: i soldi. È infatti sull'economia che la ragazza di Trento giocherà la partita più importante del suo percorso. Dell'Occidente capitalistico Chiara ha capito tutto. Da un lato le è perfettamente evidente che è un bene che la libertà di impresa e la proprietà privata siano garantite; dall'altro lato, però, sa che la ferocia dell'accumulo conduce inevitabilmente allo sfruttamento e alla disuguaglianza, e questo non riesce a sopportarlo. Marxianamente capisce che la sua rivoluzione non sarà veramente compiuta fino a quando non andrà a toccare l'organizzazione dei fattori produttivi, la struttura portante di tutti i livelli sociali dove il suo movimento già opera. Combattere il capitalismo come ideologia è impensabile in quegli anni: l'unica alternativa è rappresentata dal comunismo ateo dei paesi oltrecortina, dove però si soffre la povertà e la mancanza delle più elementari libertà civili e personali, compresa quella religiosa. Chiara lo sa, ma non si rassegna alla spietatezza delle mere leggi di mercato e studia il sistema per renderle non solo più umane, ma addirittura funzionali al Vangelo, applicando il motto eterno di Giulio Cesare: "Se non puoi batterli, unisciti a loro". Decide di attaccare il capitale a modo suo, organizzando un sistema di impresa che, pur stando sul mercato alle leggi della domanda e dell'offerta, mina alla base i meccanismi dell'accumulo personale. Si inventa quella che sarà poi ricordata come "economia di comunione", un sistema dove il 30 per cento degli utili, anziché essere accumulato, viene destinato a progetti solidali e a promuovere altre attività d'impresa in continenti svantaggiati o predati. Già in quegli anni tra i focolarini ci sono molti dirigenti d'azienda che desiderano tenere insieme lo spirito del Vangelo e quello imprenditoriale, cosa non semplice per i cattolici, abituati da sempre a pensare al denaro come a una cosa sporca e peccaminosa, aderente alla definizione che ne aveva dato san Basilio Magno: lo sterco del demonio. Tra le Chiese riformate, in special modo quella calvinista, il problema del rapporto tra denaro e Vangelo era invece già stato risolto, tornando alla concezione giudaica della "benedizione di Dio". Per i protestanti il solo fatto di organizzare il lavoro significa partecipare al processo stesso della creazione, mai conclusa, e la riuscita delle imprese, anche economiche, è vista come un segno della benevolenza divina, come ha spiegato benissimo Max Weber nel libro *L'etica protestante e lo spirito del capitalismo*.

Ma Chiara, per quanto ecumenica, non è protestante e si confronta con un mondo cattolico, quello italiano, dove il denaro è un problema simbolico serissimo e in cui il modo di gestirlo è alla base di molte delle ingiustizie che lei cerca quotidianamente di combattere. Quando propone alle persone del movimento di agire sul mercato secondo l'economia di comunione, sta inventando un'alternativa alla violenza del capitalismo che non ha precedenti nella storia né della Chiesa, né del libero e laicissimo mercato che obbedisce solo alla convenienza monetizzabile. A oggi sono duecentotrenta le imprese che in Italia hanno raccolto la sfida dell'economia di comunione e molte hanno la sede legale in uno stesso polo industriale, quello di Lionello di Loppiano, alla periferia della cittadella che Chiara fonderà per mostrare plasticamente al mondo gli effetti pacifici della convivenza di tutte le diversità e la funzionalità del suo modo di intendere la ricchezza condivisa.

Il modello inventato da Chiara funziona solo se chi vi aderisce non obbedisce all'avidità e questo a molti è sempre sembrato il suo più grande limite. Secondo l'opinione comune, le persone sono egoiste e ingorde e non esiste nessuno che vorrebbe gestire un'impresa seguendo principi altruistici, a parte chi è guidato da una motivazione religiosa. In realtà anche in questo caso Lubich ha anticipato profeticamente molti dei passaggi nell'evoluzione del concetto di economia. Oggi nessuno considera più il PIL come l'unico parametro di valutazione dello sviluppo di una società, perché non calcola la felicità delle persone e i costi umani e ambientali del profitto. C'è l'eco della preveggenza di Chiara anche quando nel 1998 il premio Nobel per l'economia viene assegnato ad Amartya Sen per i suoi studi economici rivolti a determinare la massimizzazione del benessere della comunità tutta. La chiameranno proprio così: economia del benessere, e nessuno in quel momento vi ravviserà i legami col Vangelo che avevano invece mosso la mistica trentina ed erano stati considerati un limite alla diffusione della sua teoria. Il principio fondante di questa nuova idea di mercato, che si sia credenti o meno, è però lo stesso: per generare una società giusta, al centro dell'azione economica dev'esserci la persona umana, non il profitto. Chiara lo aveva capito prima di tutto.

Sul finale della vita, Chiara sperimenta quello che nessuna figura mistica vorrebbe mai vivere, nonostante prima di lei tanto lo abbiano fatto. Nel cristianesimo questa esperienza terrificante ha un nome: notte dell'anima, e a darglielo è stato san Giovanni della Croce, che la visse in prima persona. È un momento di cecità dello spirito. Per quattro anni, dal 2004 al 2008, Lubich dichiarerà di non sentire più la presenza di Dio, descrivendolo come un sole tramontato all'orizzonte e di cui non riesce a immaginare una nuova alba. È il momento peggiore per una donna che ha dedicato ottant'anni della sua vita alla costruzione di un progetto completamente incentrato sull'amore per un Dio che d'improvviso non vede più. La reazione di Chiara è singolare. Si mette nei panni di Cristo in croce, quando inchiodato al legno guarda verso il cielo e dice: "Dio mio, Dio mio, perché mi hai abbandonato?". Nel momento della solitudine spirituale più profonda, Chiara fa dunque un gesto di fede ancora superiore: invoca Dio proprio quando lo sente meno. La grazia che le verrà fatta sarà quella di tornare a vivere la fede appena prima di morire.

Lubich si spegne il 14 marzo 2008 e al suo funerale partecipano 40 mila persone di ogni religione e provenienza geografica. Sulla sua bara verranno deposti tre garofani rossi. La causa di beatificazione è attualmente in corso e lo stadio tecnico raggiunto è quello minimo, il riconoscimento del titolo di "Serva di Dio". È però innegabile che il processo vada a rilento, perché l'esistenza di questa donna particolare non ha davvero parametri, anche dentro la Chiesa, e i sospetti che l'hanno accompagnata per tutta la vita oltre che in morte la tengono sotto la lente d'ingrandimento. Ma da morta, esattamente come da viva, ci è difficile immaginare che si stia preoccupando per sé. L'unica cosa che le è sempre stata a cuore è che il movimento si sviluppasse e raggiungesse i suoi scopi, con o senza di lei. Dato che oggi i focolarini sono presenti in centottanta paesi nei cinque continenti, con più di due milioni di aderenti, come andrà la causa di beatificazione non ha in effetti molta importanza: piaccia o meno, Chiara ha vinto già.

Asia Argento

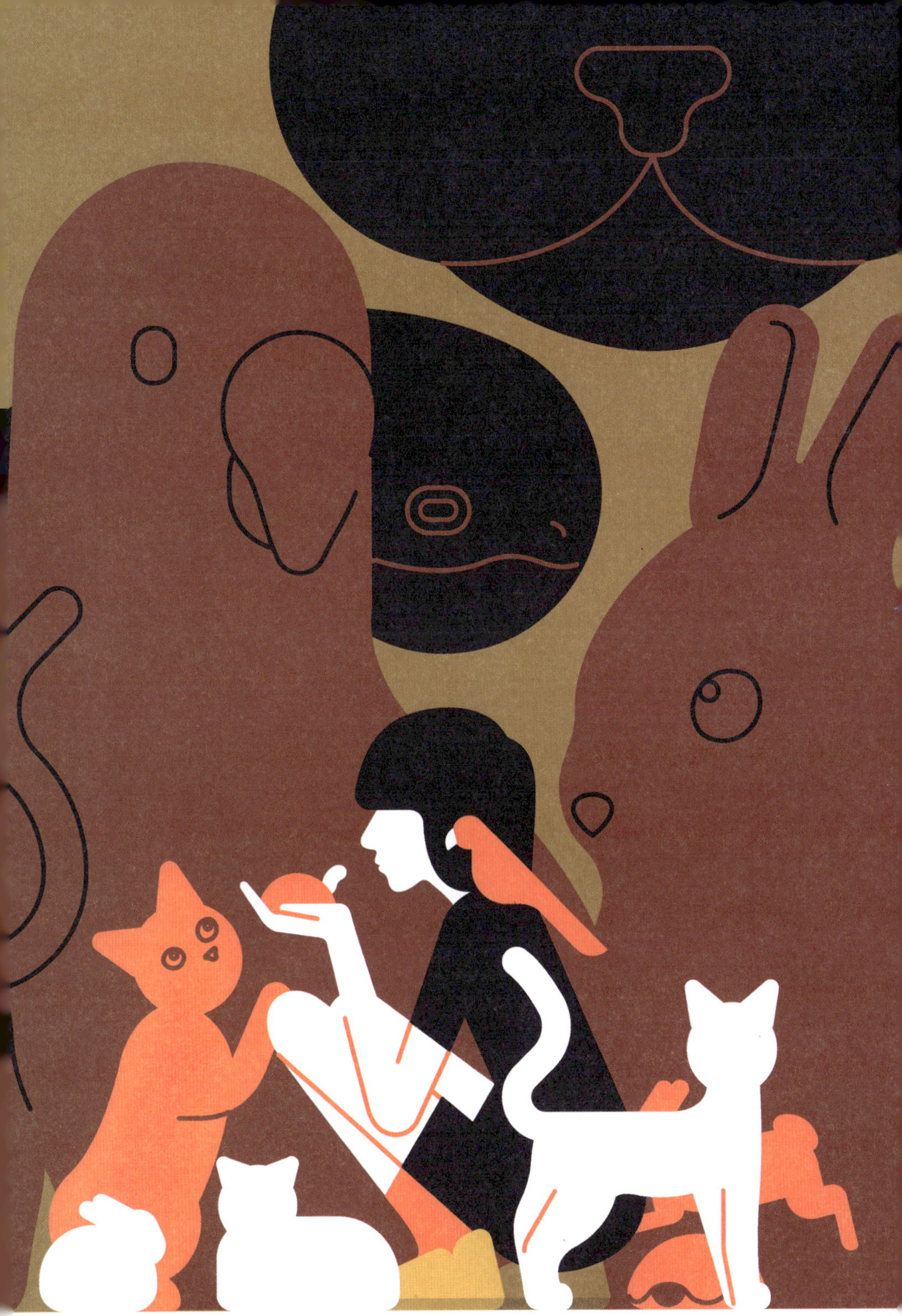

ASIA ARGENTO

Una bambina di nove anni in calzoncini, con le gambe lunghissime, passeggia per il quartiere Prati a Roma. Trascina una grande sacca dall'aria molto pesante e una gabbietta metallica con dentro un gatto nero. Va in giro di giorno, ma anche di notte. Col gatto ci parla: "Non ti vorrei sembrare una bambina abbandonata... Cioè, un po' sì. Ma io me la spasso proprio alla grande: sono libera. Nessun bambino può andare in giro a quest'ora. Noi due siamo i guerrieri della notte". La bambina – protagonista del film *Incompresa*, scritto e diretto da Asia Argento – si chiama Aria.

In realtà anche Asia Argento si chiamerebbe Aria, per la precisione Aria Maria Vittoria Rossa Argento, ma il 20 settembre 1975, quando è nata, nessuno poteva dare a una figlia il nome di un continente.

Gli impiegati dell'anagrafe erano avvezzi alle bizzarrie del regista Dario Argento, che in precedenza aveva combattuto per chiamare la sua prima figlia Fiore, ma senza riuscire a spuntarla. "Fiore è maschile, ma questa è una bambina, quindi è vietato darle un nome da uomo." Sul certificato di nascita il funzionario scrisse Fiora. Per Asia, racconta Dario, "accadde la stessa cosa, se non peggio. Mi trattarono come un irriducibile innamorato delle cose strane. Asia per loro era una completa assurdità. Non solo non c'era il solito santo di riferimento, ma era il nome di un continente e dunque era vietato. Mi imposero di cambiare la mia scelta con Aria. Ma l'aria non è più astratta dell'Asia? Niente da fare. L'aria va bene, l'Asia no. E non mi servì a nulla raccontare che in Russia Asia era il diminutivo di Anastasia. Mia figlia doveva diventare Aria, prendere o lasciare".

Dario Argento e l'attrice Daria Nicolodi, la madre della bambina il cui nome racchiude un continente, sembrano accettare l'imposizione formale, ma poi – come sempre – fanno di testa loro e la presentano al mondo come un territorio portatore di vastità. Per festeggiarla proiettano *Via col vento* per tre giorni di seguito, e forse per questo è ancora adesso uno dei film preferiti di Asia. L'indomabilità di Rossella O'Hara le s'infila negli occhi mentre, ancora in fasce, il suo nome spunta già dalle pagine di riviste e giornali. In un articolo compare la prima etichetta con cui la marchieranno: "È nata la principessa del brivido". Come ogni marchio, anche quello presuppone un giudizio, che spesso contiene un pregiudizio: Asia è la "figlia di papà", certamente la "privilegiata raccomandata". Serve a renderle chiaro il compito che le spetterà: faticare il doppio per dimostrare che tutto questo non è vero.

L'idea che nascere in una famiglia nota ti dia delle carte che agevolano il tuo ingresso nel mondo corrisponde al vero solo in parte. La certezza è che nasci esposta, e questo già determina un problema: se sei fragile, se sei timida, se hai qualcosa da proteggere non hai più strumenti degli altri, ma paradossalmente ne hai di meno. Sei un demanio pubblico da quando apri gli occhi: tutto si aspettano sin dall'inizio non solo che tu ti racconti ma, soprattutto, che tu accetti di essere materiale raccontabile anche per gli altri. Prima di preoccuparsi del mondo esterno, Asia deve occuparsi del complicato acquario familiare in cui si trova a nuotare. Fiore – nata da un precedente matrimonio del padre – non è la sua unica sorella: c'è anche Anna, che Daria Nicolodi ha avuto dall'ex compagno. Asia, l'unica a essere figlia di entrambi, ottiene come risultato quello di diventare il bersaglio di una coalizione: le sorelle la vivono come l'usurpatrice, la sola ad avere i pezzi della sua famiglia riuniti sotto lo stesso tetto, mentre Daria e Dario, tenuti insieme da molto amore e ancora maggior odio, trovano più semplice rispecchiarsi nelle figlie precedenti, che non contengono in modo così evidente una parte dell'altro. L'ultima cosa che vuoi vedere davanti agli occhi, quando qualcuno ti ha squarciato il cuore, è un altro essere che gli assomigli così tanto, soprattutto se lo hai generato tu.

Asia cresce sentendosi perpetuamente l'indesiderata, la raminga che insegue come una rabdomante l'amore, ma la sua bacchetta forcuta fa cilecca e lei cerca riparo come e dove può.

Si rifugia in Melville (a cinque anni sul suo comodino c'è *Moby Dick*) e mangia poco e malvolentieri. Come la bambina che sarà protagonista del suo film, nasconde le polpette nelle tasche della vestaglietta o sputa dalla finestra i bocconi di quello che la obbligano a inghiottire, e visto che nessuno le racconta le favole, decide di sostituirle con i film dei suoi genitori, un modo inquietante per immaginare che stiano parlando a lei. Vede *Profondo rosso* per la prima volta a cinque anni (il padre le spiega che la bava alla bocca degli attori è schiuma di birra), *Suspiria* a sei, e *Inferno* poco dopo. Sono le fiabe con cui cresce, tanto che dirà: "Sono film che ho visto centinaia di volte, li facevo vedere a tutti i miei amici. Ma non li ho mai considerati film d'orrore... Era un po' come ascoltare le storie di Hänsel e Gretel o di Biancaneve, con quelle streghe terribili". Il mondo di Asia è un universo al contrario: le principesse campano poco e male, le fattucchiere e le ammaliatrici imperano, i baci ti fanno morire e i tradimenti ti portano a combattere.

I combattimenti, in effetti, sono all'ordine del giorno anche in casa, il campo di battaglia fatale in cui Asia vedrà le discussioni dei genitori tracimare in colluttazioni furiose: Daria che spacca una costola a Dario colpendolo con il tacco a spillo di una scarpa, lui che le tira un pugno in testa. La madre è una specie di bellissima lottatrice di wrestling che la figlia descrive così: "Tutto di lei era stregoneria, violenza e incanto".

Le sberle e i calci in pancia vengono generosamente elargiti anche a lei, prescelta tra le sorelle come catalizzatrice unica di violenza: "Mio papà non c'era mai, non lo vedevo mai, ero così poco viziata che venivo picchiata e maltrattata. Fa comodo pensare che unə cresca nell'agio, così lə puoi odiare più facilmente, ma non sono io. Sono cresciuta in un mondo ostile e dover nascondere chi ero, cosa subivo a casa, anche quello mi rendeva più difficile l'avere a che fare con gli altri. Non potevo spiegare che venivo trattata così".

In etologia, l'imprinting è quella forma di apprendimento precoce, durevole e spesso irreversibile di alcune specie animali che si forma nelle primissime ore di vita. Provando a tradurlo in italiano, l'imprinting potrebbe essere reso con "impronta", perché ha a che fare, in effetti, con l'imprimere. Ma se le impronte nella sabbia vengono facilmente cancellate dalle maree, ciò che acquisiamo in modo inconsapevole nei nostri primi mesi e anni di vita ci si incolla addosso a fuoco, come un segno che ci scarnifica e che nessuna marea spazzerà via. Se l'imprinting al dolore o alla violenza è l'impronta inconfondibile (e spesso immodificabile) prodotta in noi dal mondo che abbiamo respirato, è utile sapere come Asia reagiva, o meglio non reagiva, a tutto quello che le arrivava addosso. Lo racconta nel suo libro *Anatomia di un cuore selvaggio*: "Avevo la reazione dei serpenti che fingono di essere morti per non essere mangiati. Simulavo la morte per non morire sul serio. Più tardi, nella vita, a ogni accenno di violenza, invece di gridare e scappare, ho sempre reagito con questa immobilità cedendo all'abuso, pregando solo che finisse".

Intanto, per sopportare la violenza, Asia comincia a masturbarsi per concedersi quelle carezze che questua senza risultati, e comincia soprattutto a inventare un falso sé: quello della ragazza cattiva, completamente diverso dalla persona che è. Fai paura alla gente, così loro non si accorgono della paura che hai tu e perlomeno ci pensano prima di farti del male. La bad girl Asia nasce qui: a nove anni inizia a fumare e capisce che per liberarsi dell'orrore che la circonda deve soprattutto sradicarsi di dosso l'infanzia, perché essere piccoli è uno schifo, i bambini sono indifesi e lei è stanca di sentirsi vulnerabile a tutto e a tutta.

I suoi genitori si separano tenendo ciascuno la figlia che spetta loro "di diritto" e Asia, che invece è di entrambi, diventa di nessuno. Cominciano le peregrinazioni fra le due case: è lì che nasce la ragazzina errante che fa la spola trascinandosi la gabbietta metallica del gatto e la sacca sulla spalla. Le tre sorelle, che battibeccavano e non riuscivano a stare insieme, ora però si mancano. Sono formiche contro cui è arrivato un getto d'acqua e tentano di sopravvivere portate via dalla furia. Per trovare un appiglio, qualcosa a cui aggrapparsi per non finire nella risacca degli infrangimenti familiari, Asia decide di iniziare a lavorare nell'unico mondo che conosce da ancor prima di nascere: il cinema.

Il suo primo ruolo è un episodio della serie televisiva *Sogni e bisogni* di Sergio Citti, nel 1985. Il regista la sceglie perché cerca una bambina che sappia suonare il violino e Asia, che ha iniziato a esercitarsi da poco, risulta abbastanza credibile da essere presa. Il padre si limita ad andare sul set a scattarle una polaroid il primo giorno delle riprese. Daria non va nemmeno una volta, le dice che non ha tempo né voglia di diventare come quelle patetiche madri manager pronte a sfornare un esercito di piccole Brooke Shields da trasformare nel loro riscatto vivente. Così qualcuno della produzione si occupa di prelevare la bambina ogni mattina e riaccompagnarla a casa molto tardi, la notte. Ancora una volta il messaggio è: arrangiati. E Asia si arrangia: "Sul set mi trovavo per la prima volta in mezzo a degli adulti che mi rispettavano: quando recitavo stavano tutti zitti. Quando mi chiedevano l'età, dichiaravo sempre tre anni in più, non vedevo l'ora di essere indipendente". L'altro lato della medaglia è però rappresentato dai ritmi di lavoro scellerati: Asia sta sul set anche dodici ore ininterrotte perché, se nessuno veglia su di te, gli altri si dimenticano che sei comunque una bambina. "Ero io che dovevo dire agli adulti *Sono stanca! Ho lavorato troppo!* Non avevo nessuno che mi proteggeva. Così anche là divenni la rompicoglioni."

L'UOMO RICCO SONO IO

Asia viene diretta da Cristina Comencini, Michele Soavi e Nanni Moretti: continua a lavorare forsennatamente fino a tredici anni e poi si ferma perché si rende conto che, se saltare l'infanzia era necessario, non vuole fare altrettanto con l'adolescenza, che comunque non inizia con i fuochi d'artificio. A quattordici anni la madre la convoca in tribunale perché rinuncia alla potestà genitoriale: quando una la caccia, l'altro apre svogliatamente la porta e lei sempre si sente l'indesiderata.

Chissà se è vero che spesso, nelle famiglie disfunzionali, ci si salva se meno amatə. Sua sorella Anna, amatissima da Daria, è così magra che le sue braccia quando balla "si agitano come stecche di vimini". Asia se ne accorge e vorrebbe fare qualcosa per lei, ma non ci si può aiutare l'un l'altra quando si è impegnate a sopravvivere. La strategia messa in atto da Asia viaggia verso un altro tipo di distruzione: invece di farsi divorare dalla fame decide di spegnere il fragore interno con i rave, il sesso e le droghe. Al posto del gatto arriva un coniglio bianco; lo ha chiamato Syd Barrett e lo trasporta nella solita gabbietta tra le case dei ragazzi con cui prova a trovare un po' di pace. Qualcuno le regalerà anche Sid Vicious, il pappagallino che non la lascia mai e vive appollaiato sulla sua spalla.

Asia si fa attraversare da ogni cosa perché far passare tutto è una barriera tanto quanto non far passare niente, finché capisce che a salvarla dalla distruzione verso cui sta correndo alla velocità della luce può essere l'unico luogo in cui per lei regna se non l'ordine, almeno una parvenza di senso: il cinema. A sedici anni riprende a lavorare e a guadagnare: dispone già di un'ottima base, perché ogni centesimo dei suoi cachet è stato messo da parte sul conto corrente che i genitori le avevano aperto quando lei ha iniziato a recitare. Se desidera qualcosa di costoso (il motorino, dei vestiti), suo padre le risponde: "Te lo compri con i tuoi soldi". È con quanto accumulato in quel conto corrente che, a diciassette anni, Asia va a vivere per conto suo ufficializzando uno stato, quello della solitudine, che passa da una dimensione interiore a una finalmente concreta, di indipendenza: ha una casa da arredare ora, uno spazio tutto per sé da riempire di gatti, conigli, pappagalli e tartarughe (arriverà ad averne quattro) e soprattutto nessuno la caccerà più.

Mentre lei si costruisce un luogo dove poter essere se stessa e recita con Michele Placido, con Carlo Verdone e con il padre, sua sorella Anna, che infila nel suo stomaco solo una mela al giorno, muore per un incidente nel 1994. Per Asia saranno mesi di tapparelle abbassate, letti sfatti e rischio di overdose. Solo quando conosce Peter Del Monte, che la vuole per un film, comincia a riprendersi, vince il suo secondo David di Donatello e inizia a lavorare all'estero con registi mondialmente famosi: Patrice Chéreau, Abel Ferrara, Michael Radford e Rob Cohen: la bambina che nessuno voleva a casa, è voluta da tutti fuori. Radford la dirige in *B. Monkey. Una donna da salvare* e il film termina con Asia che recita queste parole: "Chi avrebbe pensato di trovare la felicità nel mezzo del nulla?". Pur sentendosi esattamente nel mezzo del nulla, lei è però lontanissima dalla felicità.

Nel 1997 Asia è al Festival di Cannes: è stata invitata dalla Miramax perché con B. *Monkey* hanno l'intenzione di trasformarla in una delle nuove stelle hollywoodiane. A un pranzo con molta argenteria e tantissimi fiori incontra per la prima volta il produttore americano Harvey Weinstein. Lui la invita la sera stessa a una gran festa all'Hotel Du Cap, e lei accetta. Asia ha ventun anni quando si trova proiettata nell'incubo che racconterà molti anni dopo, contribuendo a far esplodere il movimento contro le molestie sessuali e la violenza sulle donne #MeToo. Scopre presto che non esiste alcuna festa. Si ritrova come unica ospite nella suite di Weinstein, che a un certo punto esce dal bagno in vestaglia e fa accadere tutto quello che anni dopo diverrà pubblico grazie al coraggio di Asia stessa: il massaggio e la costrizione a subire un rapporto orale.

Nel suo libro, Asia scriverà: "La stessa paralisi che mi annichiliva da bambina, quando prendevo le botte da mia mamma, mi colpì ancora. Pensai che, se fossi rimasta immobile, sarei diventata tutt'uno con la carta da parati a fiori, proprio come il mio vestito. Ma invece non sparii e nemmeno l'orco sparì".

Quando ci accade qualcosa che ci fa male, siamo ossessionati dal ritornare a ciò che ci è esploso addosso e ripetiamo nella nostra testa ogni frammento di quello che ci ha investito. Ci sono vari modi per provare a esorcizzare il danno. Uno di questi è raccontarselo con un finale diverso, perché cambiarlo – anche solo nella sua ricostruzione – spezza una maledizione. Asia fa esattamente questo mettendosi in scena, e nel 2000 gira il suo primo film come regista, sceneggiatrice e attrice protagonista: *Scarlet Diva*.

Se è vero che – come insegna Zelda Fitzgerald – a distinguere la finzione dalla realtà è solo il fatto che tu ci creda o meno, nella storia della protagonista ritroviamo molte vicende della vita di Asia. Anche qui arriva l'orco, un grosso produttore che tenta di abusare di lei, ma alla fine la protagonista riesce a sfuggirgli. "Io scappavo, mi ero voluta donare questa possibilità" racconterà Asia, in seguito contattata da tante attrici che vedranno il film e riconosceranno in quella scena la stessa violenza subita a loro volta da Weinstein.

Dopo essersi staccata dal suo corpo guardandosi fuggire, quantomeno sullo schermo, Asia è finalmente pronta per vorticare verso qualcosa di nuovo per lei: l'amore. A un festival in cui presenta il film incontra Marco Castoldi, un ragazzo con i capelli rossi e lo smalto nero. Lui le sorride e le dice di chiamarsi Morgan. Lei ignora chi siano i Bluvertigo e anche chi sia lui, ma si innamora all'istante, per la prima volta ricambiata. Asia non è una che si risparmia: dice che in amore è come Anna Karenina, pronta a buttarsi sotto un treno e a seguire i battiti del suo cuore a costo di rischiare un embolo. Con Morgan non sarà difficile trovare dei meravigliosi binari pronti per i voli d'angelo, ma prima delle autodistruzioni si ameranno letteralmente da matti. Nel 2001 nasce Anna Lou, che aiuterà Asia a disinnescare un altro incantesimo: quello dell'impossibilità di prendersi cura di qualcuno che dipenda da te. Asia riesce dove i suoi genitori sono stati così manchevoli e sostituisce la violenza ricevuta con l'opportunità del bene, del calore e della dolcezza.

È lei stessa a raccontare questo miracolo nel suo libro: "Mia madre mi massacrava ma era stata a sua volta massacrata da sua madre, è la maledizione che si tramandavano le donne della mia famiglia. Ma io sono stata sempre molto terra-terra. Alle maledizioni non ci credo e nemmeno alle streghe, anche se mia madre si è sempre reputata tale. Io lo scettro della stregoneria non l'ho mai voluto. La maledizione l'ho spezzata con la nascita di mia figlia, e spezzandola i suoi fumi hanno liberato anche mia mamma".

Se Anna Lou porta la possibilità del perdono, non porta però la pace tra i genitori.

Con Morgan è tutto un rotolare e uno spiccare, un dirsi e farsi l'indicibile, un uccidersi per poi riprendersi, per poi lasciarsi ancora. Asia si risposa, ha un secondo figlio, Nicola, divorzia nuovamente e non smette un attimo di lavorare moltiplicando i suoi film: viene diretta da Gus Van Sant, Sofia Coppola, Olivier Assayas, Abel Ferrara, fuori e dentro i set scatena tempeste per le sue relazioni pericolose, le dichiarazioni audaci e i baci ancor più scandalosi a chi le pare, cani compresi. Il corpo è per lei una cartina di tornasole su cui incidere moniti e momenti. I tatuaggi le servono a mappare il suo asse interno per potersi ritrovare: imprime sulla pelle angeli e la Lettera ai Corinzi, croci e simboli del matriarcato, collane vittoriane e uno scudo che spunta dalle spalle per invadere tutta la schiena. Vuole un carapace come quello delle sue tartarughe per diventare impenetrabile al caldo e al freddo.

Viaggia carica, Asia, stringendosi sempre all'opportunità dell'incoerenza, alternando progetti molto belli ad altri decisamente meno riusciti. Il motivo? I soldi. Dirà infatti: "Cerco di insegnare a mia figlia a essere completamente indipendente dagli uomini, come sono stata io. Anzi, a me è andata peggio: dovevo mantenerli io e per fortuna ho fatto la divisione dei beni quando mi sono sposata. Erano a conti fatti dei mantenuti, andavo a fare dei filmacci pur di guadagnare anche per chi stava a casa a far nulla. È questa la liberazione femminile, mi chiedevo? Io lavoro, mi prendo cura dei figli e mantengo pure l'uomo? Forse Anthony è stato l'unico a cui non ho dovuto pagare una cena. Forse gli uomini realizzati hanno bisogno di una figura da proteggere al loro fianco, e cercano difficilmente qualcuna che sia al loro livello, di cui non devono fare i padri e a volte i padroni". L'Anthony a cui si riferisce è Anthony Bourdain, il famosissimo chef che si toglierà la vita nel 2018 in una stanza dell'hotel Le Chambard, in una cittadina vicino a Strasburgo.

Sarà lui a sostenere Asia nel 2017 quando Ronan Farrow, con la sua chiamata e l'inchiesta sul "New Yorker", la convincerà a raccontare cosa le è accaduto in quella stanza d'albergo nel 1997.

Quello che è avvenuto dopo lo sappiamo: Asia da anti-modello diventa suo malgrado la bandiera del movimento #MeToo e le sue dichiarazioni pubbliche sulle molestie sessuali subite da Harvey Weinstein fanno il giro del mondo. "Il MeToo funziona un po' come Alcolisti anonimi, tu racconti la tua storia e un'altra persona diversa da te, ma che come te è stata abusata, si riconosce, si identifica e trova la forza per parlarne. Prendersi addosso tutto quel dolore era disumano, è stato magnifico ma anche dolorosissimo: io vado dallo psicologo da sedici anni per riuscire anche solo ad allacciarmi le scarpe la mattina. Non avevo fatto i conti, non avevo immaginato quello che poteva succedere se parlavo." E quello che è successo è stato in effetti detonante. Moltə etichettano Asia come "poco credibile", tuttə hanno un'opinione che contiene una sentenza e soprattutto una domanda implicita che satura l'aria: "Proprio una che quasi quasi se la cerca doveva diventare la nostra testimonial?".

A spiegare il perché di questa reazione è la stessa Asia: "Era tutto inaccettabile nella mia storia: la bad girl che frequenta Harvey Weinstein, le foto insieme, le cene, dov'è la violenza? Mi sono sentita in colpa per anni, se fossi stata più forte forse avrei potuto dargli un calcio e scappare via. Ma non l'ho fatto. Ero terrorizzata dall'idea che potesse distruggere la mia carriera. Nessuno si interroga sul fatto che la donna è la prima a colpevolizzarsi, a dirsi è colpa mia perché mi sono vestita così, perché sono andata a quell'appuntamento, perché non gli ho dato un calcio nelle palle, perché non sono scappata. Potevo dire no. E invece non puoi dire no quando uno ti apre le gambe. Poi cerchi di rimuovere tutto".

Non essere riuscite a sottrarsi a quell'abuso, nella testa di chi ti ascolta ti rende comunque un po' complice. La domanda in questi casi è sempre sbagliata. Invece di chiederti perché te lo sei lasciato fare, dovrebbero chiedersi perché te lo hanno fatto, smettendo di colpevolizzare chi subisce e pretendendo responsabilità da chi deve assumersela. Asia quell'assunzione di responsabilità la reclama al Festival di Cannes del 2018. È sul palco per consegnare il premio alla migliore attrice quando tira fuori un coraggio da leonessa e guardando in faccia tutto il gotha del cinema pronuncia queste parole: "Nel 1997 sono stata stuprata da Harvey Weinstein qui a Cannes. Avevo ventun anni. Questo festival era il suo territorio di caccia. Voglio fare una previsione: Harvey Weinstein non sarà mai più benvenuto qui. Vivrà in disgrazia, escluso dalla comunità che un tempo lo accoglieva e che ha nascosto i suoi crimini. E perfino stasera, seduti tra di voi, ci sono quelli che ancora devono essere ritenuti responsabili per i loro comportamenti contro le donne, che non sono accettabili in questo settore. Sapete chi siete. Ma soprattutto noi sappiamo chi siete. E non vi permetteremo più di farla franca".

Sembra l'apoteosi di una forza, finalmente, ma poco dopo le crolla tutto intorno: Anthony, l'unico uomo che non ha mai dovuto mantenere, si suicida quello stesso giugno. In aggiunta, ad agosto il "New York Times" pubblica un articolo in cui vengono riportati i dettagli di un accordo economico che lei avrebbe stipulato con l'attore statunitense Jimmy Bennett, per mettere a tacere le accuse di molestie sessuali che lui sostiene di avere subito da Asia quando era ancora minorenne. Nel racconto del ragazzo Asia stessa diventa Weinstein. L'accusatrice si trasforma in accusata, cosa che a Weinstein, che cerca in ogni modo di screditare le testimoni dei suoi abusi, fa indubbiamente comodo.

Ronan Farrow spiega molto bene ciò che è accaduto: "Asia Argento incarnava, più di ogni altra fonte, un groviglio di contraddizioni. Dopo aver partecipato alla mia inchiesta, raggiunse un accordo economico con Bennett, ma quest'ultima vicenda non ha alcun riflesso su una verità incontrovertibile: la storia di Asia Argento su Harvey Weinstein reggeva, corroborata da resoconti di testimoni oculari e di persone cui era stata riferita all'epoca. Ma questa idea ha poco credito in un ambiente dove ci si aspetta che le vittime siano sante, o altrimenti vengano liquidate come peccatrici".

Asia santa non lo è e non ha nessuna intenzione di

dipingersi come tale. Se la offendono reagisce e lo fa costruendo risposte esilaranti, come quando zittisce un giornalista che la accusa di aver approfittato del MeToo, prospettandogli una soluzione definitiva per ammutolirlo, e cioè infilargli un tacco in bocca come in un film di Dario Argento.

D'altro canto le ingiurie, le calunnie e le minacce che sempre accompagnano chi è esposto mediaticamente nel suo caso si fanno più crudeli che mai: "Prostituta è quasi un complimento se paragonato a pedofila e assassina. Gli insulti più gentili mi danno della maleducata, egocentrica figlia di papà, perversa e borderline, giustiziera femminista ossessionata da se stessa".

Asia Argento è una scardinatrice, una portatrice di deflagrazioni. Come un'eroina Marvel, il suo superpotere è quello di generare un meraviglioso caos. Nel greco antico "chaos" non si collegava al disordine, ma nella sua etimologia raccontava uno "spazio aperto", una "voragine" e quindi certo anche un potenziale abisso. Asia è quell'abisso in grado di contenere tenebre, ma anche altrettanta luce. Persino con Morgan, dopo essersi augurati reciprocamente l'inferno, si sono ritrovati fatti di sola voce su Clubhouse: "Perché tu, perché io, perché gli altri. Eravamo immaturi. Era un amore violento, fragile, disperato. Il nostro amore era cattivo come il tempo: vero, bello, felice" le ha detto lui. Così lei ha risposto: "Ti adoro Marco, dobbiamo rimetterci insieme. Facciamo questa cosa pazza!".

L'UOMO RICCO SONO IO

In pochə ci permettiamo di essere tutto e il contrario di tutto. In nome della coerenza, della giustizia e della rettitudine ci annoiamo moltissimo, ma difficilmente siamo dispostə a mettere a rischio la posizione che abbiamo acquisito ai nostri occhi e a quelli del mondo che sempre ci guarda e ci giudica. Ma quando hai tutto da perdere non hai più niente da perdere, e sembra che Asia viva da sempre la sua esistenza in questo modo, con quel coraggio folle di tradirsi e contraddirsi. Il suo libro termina con queste parole: "Non ho mai avuto la pretesa di essere la paladina di nessuno, figuriamoci l'esempio, però una cosa me la sento di dirla: essere una donna come me non è mai stato comodo, ma è stata quasi sempre una scelta. Di fari nella vita ne ho avuti pochi, ho sempre navigato a vista e non è stato sempre facile procedere contro tutto e contro tuttə. Ma, credetemi, ogni volta che la mia assenza totale di conformismo ha infastidito qualcuno, ho saputo di essere nella giusta direzione". In queste frasi Asia, senza neppure saperlo, ha condensato l'intento con cui, tre anni fa, è nato il progetto delle nostre Morgane.

SULLE ILLUSTRAZIONI

di Luca Fontò

Tutto è cominciato con Vincenzo che mi chiedeva: "Ma tu l'avevi portato il paiolo?".

Era il 28 ottobre 2019, eravamo al bar del nostro ufficio e avevamo appena scoperto di essere stati entrambi al Franco Parenti, la sera prima, alla presentazione del libro *Morgana*: Michela Murgia e Chiara Tagliaferri, sul palco, parlavano circondate da pentole e calderoni che le spettatrici e gli spettatori avevano consegnato rispondendo al loro appello. Io, che il paiolo non l'avevo portato, mi resi conto che in effetti non avevo portato niente: non avevo *mai* portato niente. Murgia e Tagliaferri invece raccontavano di gente che regalava loro porte a forma di ciondoli, frustini che all'occorrenza diventano collane, diari dedicati a fidanzati immaginari, ogni tipo di oggetto a tiratura uno, a chilometro zero.

Era giunto il momento che anch'io facessi qualcosa,

che *portassi* qualcosa: "Un mazzo di carte" dichiarai a Vincenzo. "Disegneremo un mazzo di tarocchi che raffigurano le donne e l'uomo di *Morgana*; dovranno essere alte e strette, ne faremo una a testa."

Assoldai quasi tutti i miei colleghi e le mie colleghe, anche quellə degli altri reparti, anche quellə assuntə da una settimana, lə avvicinavo chiedendo: "Non ti ho ancora domandato... ma tu sai disegnare?"; le carte da fare erano venti, le persone nell'ufficio molte meno: ripiegavo allora su amiche e amici e amichetti, miei e loro, compagni e compagne di università che non vedevo da un lustro, gente che avevo conosciuto facendo i più disparati lavori.

Sapevo che Michela sarebbe tornata a Milano per portare in scena *Istruzioni per diventare fascisti*: chiesi di incontrarla e la aspettai nel foyer di un altro teatro. Lei, come una folata di vento, arrivò, mi prese, mi accompagnò tra le seggiole vuote della platea, mi aprì la porta del camerino; e io, senza aver preparato un discorso, gliele diedi: le carte di *Morgana*, disegnate da ragazze e ragazzi eterosessuali e non, abili e non, natə tra il 1985 e il '95 e sparsə tra l'hinterland milanese e mantovano, la Puglia, il Friuli-Venezia Giulia, l'India, Parigi, Londra e Los Angeles.

Lei le guardava in silenzio, riuscì a sospirare: "Sono bellissime" e poi, prendendosi la testa tra le mani, si commosse – venti minuti prima di andare in scena.

Due giorni dopo mi arrivò un video in cui Chiara Tagliaferri riceveva il mazzo di carte e lo spacchetta-

SULLE ILLUSTRAZIONI

va: "Non ci credo..." non faceva che ripetere, "non ci credo, sono i tarocchi di *Morgana*?"; e poi "Le sorelle Brontë!", e abbracciò la *sua* carta al petto.

Chiara fotografò l'intero mazzo e pubblicò l'immagine su Instagram: la sua foto fruttò una nuova illustratrice, una ragazza a me sconosciuta ma talmente fan del podcast da voler far parte del progetto – un progetto che mese dopo mese stava prendendo la forma di un collettivo, con cartelle sul Drive, tabelle su Excel, gruppi Telegram e le telefonate a mezzanotte per aggirare il fuso orario. E il collettivo, che non credevo capace di poter uscire dalla mia stanza, adesso è qui: tra le pagine di questo libro, dove cinque ragazze e cinque ragazzi – eterosessuali e non, abili e non, sparsǝ tra l'hinterland milanese e Los Angeles – hanno adattato e in certi casi restaurato le proprie carte o quelle altrui.

Le mani e le matite e le teste dietro i tarocchi di *Morgana*, però, sono molte di più, e sento di doverle ringraziare tutte: Erica Battello, Paolo Boin, Paolo D'Alessandro, Manuel Di Pinto, Marta Facchi, Didier Falzone, Filippo Ferretti, Rossella Genovese, Patrizia Ignazi, Ottavio Lanfranconi, Riccardo Lucarini, Stefania Magli, Pietro Nicolaucich, Stefano Palumbo, Alessandra Radosta, Alessandro Romita, Carlo Spini e Francesca Zurlo. Come direbbe qualcuna: siamo statǝ tempesta.

Illustrazione di copertina e direzione artistica:
Luca Fontò

Oprah Winfrey: Carin Marzaro
Nadia Comăneci: Lauren Gaballo
Francesca Sanna Sulis: Matteo Muci
J.K. Rowling: Lisa Forni
Helena Rubinstein: Luana Conti
Angela Merkel: Marianne Kaufmann
Veuve Clicquot: Simone Riflesso
Beyoncé: Niccolò Di Gregorio
Chiara Lubich: Vincenzo Castro
Asia Argento: Mattia Fontanella

Indice

9   *Prefazione*

12   OPRAH WINFREY

36   NADIA COMĂNECI

58   FRANCESCA SANNA SULIS

80   J.K. ROWLING

104   HELENA RUBINSTEIN

128   ANGELA MERKEL

154   VEUVE CLICQUOT

174   BEYONCÉ

200   CHIARA LUBICH

222   ASIA ARGENTO

243   *Sulle illustrazioni*

Mondadori Libri S.p.A.

Questo volume è stato stampato
presso ELCOGRAF S.p.A.
Via Mondadori, 15 - Verona

Stampato in Italia - Printed in Italy